U0029737

Star
星出版

新觀點
新思維
新眼界

窮體質，富體質

金持ち体質と貧乏体質

石原加受子——著

游韻馨、林宜佳——譯

目錄

第3章

不安與恐懼感會擴大貧富差距——107

第4章

「以自我為中心」的精髓就是，能夠輕鬆成為有錢人——113

第5章

會不會成爲有錢人，你自己已經決定了——153

第6章

培養富體質，人生就會改變

根據你的實際感受生活——203

前言
你是否低估了你自己的價值？

我常常覺得，世界上大部分的人都低估了自己的價值。

如果把全日本的財富加總起來，均一、公平地分配給每個人，「誰都能理所當然成為擁有數千萬財富的小富豪」，這才是每個人的平均價值。而且，並不需要像現代人那樣拚命工作，而是用自己的步調悠閒度日，同樣能享受富足的生活，這才是人生原本該有的樣貌。

但是，這樣的情景，為什麼無法實現呢？用一句話來說，問題就出在我們每個人都低估了自我價值。

「不能奢侈！要對現在的生活感到滿足。」

「能夠這樣過日子，就要心存感激了。」

「一旦有了欲望，就會沒完沒了。對現在的生活感到滿足，才是應有的態度。」

「至少要先存一筆錢，以免將來流落街頭。」

你是否也在下意識抱持著這樣的想法呢？還是你覺得——

「要變成有錢人，就要一賭輸贏。」

「總之，就是先拚拚看，而且一定要拚贏不可。」

「一心只想變成有錢人，不管用什麼手段都好，這種想法真令人厭惡。」

你是否在不知不覺中，讓自己與社會為敵，甚至開始對抗起整個社會了呢？

罪惡感很重的人，內心深處都是這麼想的：

「我不能成為有錢人。」

「我不能讓自己過著太舒適愜意的生活。」

也因此，當你真正有機會變有錢、變幸福時，就會心生恐懼：「賺這麼多錢，恐怕會遭天譴吧？就算現在看起來滿幸福的，說不定哪天就會遭逢不幸了。」結果，在你還沒有真正成為有錢人、生活還不夠富足之前，自己就先踩煞車了。

像這種帶著忍耐、對抗心理與罪惡感的心態，在不知不覺中期望自己貧窮的意識，我在本書稱為「窮體質三惡」。換句話說，這就是「低估自我價值」的行為。

「無法變成有錢人」，是你自己決定的

我相信，想要變成有錢人，因此購買各式各樣的書籍回家閱讀、努力實踐，正在為了致富而努力的人不在少數。但是，這些人的願望都實現了嗎？

「窮體質」就像前述提過的，會自己決定「要辛苦一點才行，人生道路要辛苦一點、嚴格一點才踏實。」但這就好像在宣示：「我無法接受自己過著富裕的生活。我不能讓自己變成有錢人，不能那麼享受人生。」

無論你的顯在意識多麼想要變得有錢，在無意識中決定這麼做的人正是你自己，所以你是不會成為真正的有錢人的。

當今社會，大多數的人都感染到這種「窮體質」的病毒。這種病

毒愈是散布在社會中，有錢人和窮人之間的差距就愈大。你是怎麼看待自己的？你在不知不覺中，抱持著什麼樣的意識呢？

比起腦袋成天想著一些願望，我們從日常生活經驗中獲得的實際感受，力量才強大得多。若你在下意識帶著罪惡感或恐懼，那些想法終將成形。低估自己的你，就是現實生活中「現在的你」。

只要改變意識，就能夠變成有錢人

改變想法，可以改變很多事。盡量避免陷入「窮體質」的意識，這樣讓金錢持續入袋的意識，就能夠有所成長。也許，到目前為止，你為了成為有錢人一路努力做過的事情，都是白費一場。事實上，如果你現在還沒有成為有錢人，不過就是證明了這句話。

如果問題出在「窮體質」的意識，只要你妥善掌握一些特點，選擇性地避開這些想法，就能夠慢慢養成「富體質」，讓金錢輕鬆持續入袋。

一旦你養成富體質，就不需要絞盡腦汁想盡各種對策、費盡心力判斷得失、被眼前的利益囚禁住，或是經常投身在激烈的戰局裡；這些白費工夫的事，都不用做了。

你只要勉勵自己避開窮體質的思維就行了，這麼做，在下意識就能夠輕鬆創造財富。

石原加受子

第1章

你是窮體質，還是富體質？

了解有錢人獨有的富體質

找出有錢人的言行模式

當我用電腦瀏覽自己感興趣的文章時，總會特別留意如何變得有錢的文章，或是實際成為億萬富豪的人所寫的部落格或電子報。不過，我閱讀的觀點，和常人不同。

我感興趣的是，什麼樣的人會用什麼樣的方式達到目的？而那樣的人，平常都抱持著什麼樣的觀點？

我覺得，從那些有錢人說的話和寫的文章中，探索有錢人共通的言行模式，以及該模式的基石——基礎意識，是非常有趣的。

我從事心理諮商的工作，已有將近三十個年頭，因為我有保密的義務，所以無法在此詳述個別情況。我的客戶當中，當然也有有錢人。

基本上，我不會在沒必要的情況下，鉅細靡遺詢問對方的工作內容；不過，從對方的談話內容、手勢、表情、穿著，還是可以察覺一二。

有位已經來諮商多年的客戶，我常常對他為何能夠過著如此優渥的生活感到疑惑，結果過了好幾年，我才知道他原來是位資產家。

在這裡，我想為各位讀者介紹我獨創的「自我中心心理學」。這個「以自我為中心」、忠於自我的心理學的基本概念，就在於生活方式和行事依據是「以自我為中心」或「以他人為中心」的拿捏掌握。

到目前為止，我已經出版超過八十本書（包含文庫本），所以有些讀者或許已經知道這個概念，倘若您已經讀過好幾本拙著，接下來的內容您可能會想要直接跳過，考量到第一次接觸這個概念的讀者，還請您多加包涵。

有錢人「以自我爲中心」的生活方式

在本書一開始，我就提到「以自我為中心」和「以他人為中心」的話題，這是有原因的。你用哪一種方式生活，將會影響並決定你是成為幸福的有錢人，或是不幸福的有錢人，還是根本就無法成為有錢人。

「以自我為中心」的生活方式，能夠讓金錢順利、輕鬆、持續入袋，我在這裡將它稱為「富體質」。「以自我為中心」、持續培養富體質的人，能夠一邊過著幸福的日子，一邊持續有錢下去。

倘若你的生活方式是「以他人為中心」，就算你已經是個有錢人，辛苦、困難、麻煩等依舊會持續找上門，就算錢多到滿出來，家庭崩壞的有錢人也不在少數。而且，「以他人為中心」的情況，還可能與「賺多賠多」組合在一起。

在很多標榜著「從窮困潦倒到年收入一、兩億日圓」的致富經驗，並以此為賣點，從事電商的人當中，就有不少是賺多賠多的案例。

我們眼裡看到的，大多是他們剛賺進大錢時的巔峰狀態。但是，在往後的幾年、十幾年、數十年間，並沒有人仔細追查那些人過得如何。所以，我們無從得知那些人是否持續有錢下去，還是已經踏上「賺多賠多」一途，財產盡失。

「就算那樣也無所謂！畢竟一直都這麼窮，我也想嘗嘗看當個有錢人的滋味。」或許也有人會這麼想，但很可惜的是，真有這種想法的人，在賺到賠到之前，根本就很難成為有錢人。

我之所以這麼說，是因為那些從窮困潦倒翻身成為億萬富豪的人，我們都可以推知，早在變成有錢人之前，他們的生活方式與環境，都和一般人的不一樣。

即使一度成為富豪、最後卻落得身無一文，那些人在某部分都擁有富體質的一面。那些與生俱來的特質，多半來自他們的親子關係或成長環境的教養。

擁有富體質的人，就算不努力下工夫，也擁有那方面的資質。完全沒有這種體質的人，就算拚命苦讀生財致富書籍、積極參與各種講座，還是無法成為有錢人。

也就是說，有些人再怎麼努力，打從一開始就無法變成有錢人，在此我要稱為「窮體質」。

「以他人爲中心」，是窮體質的主要特徵

看到這裡，有些讀者或許已經感到絕望：「啊！我應該是窮體質，以後很難變有錢了。」

常常有人會覺得「有時候，人生真是如此，再怎麼努力也……。」事實當然並非如此，如果毫無改變的可能，接下來我要談論的內容，就完全沒有意義了。就是因為可以將窮體質調整成為富體質，我才會寫這本書。

根本原理就是「以自我為中心」和「以他人為中心」的概念，而且與其說是概念，「意識」和「實際感受」的說法，可能令人更容易理解。

「以自我為中心」和「以他人為中心」的生活方式是完全相反的，

我長年從事心理諮詢的工作，這是已經獲得實證的事實，我可以很肯定地與各位分享。

跟金錢有關的事，也是這樣。無論你再怎麼努力，也不會如你所願。雖然忙東忙西，下了好多苦心力，終究無法順利進行。或者，以為事情順利了，卻還是失敗收尾。

心裡想著「就是這次了！」，投資下去，卻血本無歸。大家當然都想脫離這樣的窘境，但是要從何處下手，卻摸不著頭緒。眼看著以後的環境會愈來愈辛苦，連存錢這件事都很難考慮在內。

像這樣，在經濟上、在金錢上走到窮途末路的人，在致富人生的「基石」上，打從一開始就錯了。你接下來的人生，要「以自我為中心」，快樂賺錢、取之有道，還是要「以他人為中心」，在困境中一直忍耐，持續與人競爭，辛苦賺錢，就看你個人的決定了。

「窮體質三惡」你中了哪些？

「以自我為中心」，就是重視自己的情緒、情感和欲望

簡單為各位說明一下「以自我為中心」和「以他人為中心」的概念。

首先，「以自我為中心」，就是非常重視「自己的情緒、情感和欲望」，包括：

- 實現自己的願望
- 貼近自己的心
- 滿足自己的內心

• 以自我滿足為優先

目標是讓自己打從心裡認同這些事。看到這裡，你是否覺得那就是「唯我獨尊」了呢？不，不是這樣的。如果你覺得這樣就是「唯我獨尊」，誤會可就大了。而且，這樣的誤會，就是窮體質與富體質的差別。

實際上，幾乎所有人都陷入「以他人為中心」的生活方式裡，雖然抱持著下列這樣的期望，但在下意識卻不是真的這麼想的：

「我想要變得更幸福。」

「我想要活出自我。」

「我想要過自己期望的人生。」

或者，像本書討論的主題：

「我想要變成有錢人。」

「我想要財務自由，未來不愁吃穿。」

或許你很想要反駁我：「怎麼可能！世界上沒有人不想要變得有錢，別說一〇〇％好了，總有九九．九％的人想要擁有更多錢。」表面上是這樣沒錯，但實際上，**如果現在的你期望自己變成有錢人，卻沒有真正成為有錢人，我也只能說，你在下意識並不是真正期望要成為有錢人。**

你總是不自覺想著負面的事嗎？

嚴格來說，我們當然不可能不希望自己變得有錢，但我們會在下意識抱持著各式各樣的想法。

就算一心想要致富，倘若負面的想法比想要致富的欲望更加強烈，心裡總是想著「我沒自信，我不行吧！」，就會導致「金錢不來」的結果。怎麼說呢？因為人在潛意識中的想法，會使人在不知不覺中選擇並採取行動，將結果導向「不可能」。

這就是顯在意識與潛意識的落差，因為是潛意識，所以很難自我察覺。但是，不論察覺與否，**潛意識的想法是非常強大的，遠遠凌駕於顯在意識的想法**。

這樣的落差，可以說是「以自我為中心」和「以他人為中心」的差別，也可以說是「富體質」與「窮體質」的差別。無論你多麼想要變成有錢人，若你在下意識強烈抱持著負面想法，就會在成為有錢人的路途上踩下煞車。

看到這裡，你是不是覺得：「潛意識是怎麼想的，我怎麼會知道啊？」實情並非如此。

還是，你認為：「不試試看，怎麼會知道結果呢？」

「就算存了一筆錢，或是做了有意義的工作，我也不可能像每個人渴求的那樣，光靠一個偶然的機會，就可以變成有錢人。能夠變成有錢人的那些人，都是湊巧運氣好罷了。」

如果你是這麼想的，事情很可能就會變成這樣。但是，有錢人並不是「湊巧運氣好罷了」，說到底是因為你這麼想，事情才會看起來好像是這樣。

如果你也深信「有些人就是湊巧運氣好罷了，但我是絕對不可能有那麼好的機會」，也會因為你這麼想，而使你成為「沒有好機會」的人。

一直忍耐，讓你變成窮體質

關於「意識」的話題，稍後會在別的章節另行討論。不過，**你的人生會變成什麼樣子，是由你自己決定的。**同樣地，你會不會變成有錢人，也是你自己決定的。

前文的段落提過，就算你的顯在意識想要成為有錢人，但如今若還沒有實現，可能就是因為你在無意識間正在抵抗這件事。比方說，「忍耐」的習性在每件事上都相通，但**「忍耐」是讓人陷入窮體質的典型模式之一**。一言以蔽之，就是「不允許」自己變成有錢人的意識。

但是，為什麼不允許呢？其中一個原因可能就是，你會認為，如果要滿足自己的欲望、追求自我滿足，就要與他人產生爭執。為了避免爭執，你就會陷入「不得不忍耐」的情況裡。

在「以自我為中心」的心理學中，重視「自己的情緒、情感和欲望」，是在可能的情況下，盡量「以自己為優先」，以滿足前述這些事項為目標。

也許有人會想：「以自己為優先，就會對對方不利。以對方為優先，就會對自己不利。彼此的好處，總是互相對立的，沒有對雙方都真正有益的事情吧？」實際上，這也是窮體質的想法。

你是否被禁錮在「窮體質三惡」裡？

回想一下，小時候你和兄弟姐妹搶過愛吃的菜或點心嗎？如果你曾被訓過話：「你是哥哥／姐姐，不可以和弟弟／妹妹搶！」從那樣的經驗中，你會學到什麼呢？

- 自己想要的東西，別人（兄弟姐妹）也想要，無可避免一定會發生爭奪的情況。
- 搶到手了，就會挨罵（受罰）。
- 就算心裡想要得到，還是會有罪惡感，只好忍耐。

如果你在過去的環境與經驗中學到類似的想法，你可能會覺得「想要致富，也得與人競爭」，而選擇忍耐。就算你真的得到了，心裡也不禁會產生罪惡感。若你有罪惡感，很可能就會無意識地放手讓金錢離去。

如果鬆手放下金錢，能讓你從罪惡感中獲得解放，那就表示對你而言，比起金錢，解決罪惡感的問題，將是更加重要、更為有益。

還有一種情況就是，你內心明明很想要，卻打從一開始就忍著不行動，因為這樣才不會產生罪惡感，可以說是最安全的選擇。這種做法從顯在意識來看，無法實現想要成為有錢人的願望，但從潛意識的層面來看，「消除罪惡感」的問題，是確實解決了。

從顯在意識與潛意識兩個層面分開來看，同時存在、但看似完全相反的兩件事，就會變得理所當然，這就是意識的世界。

即使是這麼微不足道的經驗，反覆發生個幾次之後，「相互爭奪」、「忍耐」、「有罪惡感」的「窮體質三惡」，就會在不知不覺中附著到你身上了。

窮體質和富體質想的真的不一樣

光是把書看完，你也不會變成有錢人

翻閱市面上販售的生財致富書籍，你會發現各式各樣無奇不有的方法，都有人在提倡。舉例來說，唸口號、想像自己成為有錢人、佩戴幸運飾品、打掃整理、許願、看方位、改名字、看居家或陰宅風水等，不管哪一本書，我們在閱讀時，都會覺得「喔！原來如此」，並且相信「跟著做就對了！」

不過，想要真正開始實踐時，就會產生下列這些讓人想笑也笑不出來的問題：

「要從哪裡開始做呢？好像似懂非懂耶……」

「奇怪？好像怎麼做，也不見生財？」

「為了做好這些事，得先投入資金，甚至還造成負債。」

常常有人說：「我相信，世界上絕對有祕訣可以變成有錢人。不過，真正的有錢人才不會把那麼重要的祕密寫在書裡告訴大家。」

這句話確實很有道理，而且如果任誰光是看書就能夠變成有錢人的話，大家都能夠變得富有，滿街都會是有錢人。

不過，依照我個人的看法，真正教大家如何變成有錢人的書籍，其實不在少數。我之所以會這麼認為，是因為那些書提及的概念，有不少都和「以自我為中心」的想法一致。但我同時也認為，用這些方式來傳達理念，要真正實踐是很困難的。

若是從「以自我為中心」的觀點來看那些書籍，就會非常認同，覺得「對、對、對」。然而，那些「以他人為中心」的人，則會因為覺得「不是本來就這樣嗎？這誰都知道吧！」而忽略重點。他們會因為「完全不知道在寫什麼，看不懂。為什麼這些事情有那麼重要？」的想法，而直接畫下句點。老實說，這也是富體質和窮體質在意識上的差別。

從理解有錢人的意識開始

如果你認為自己想的事情都和別人想的一樣，那就大錯特錯了。

實際上，無論有錢人再怎麼認真傳授變得有錢的祕訣，還是很難確實傳授給他人。就算明明白白寫在書上了，窮體質的人還是有看沒有懂。

我們每個人在外觀上看起來差異不會太大，但身上擁有的資質都不一樣。資質和容貌不同，是肉眼看不到的。

我們無法得知別人是在什麼樣的環境下成長、經歷過哪些體驗、在什麼樣的環境下產生什麼樣的意識，現在又是以什麼樣的意識在生活。

同一件事A覺得理所當然，換作是B，也許會認為在某方面的思慮有欠周詳。當某甲毫不猶豫地選擇了C，某乙可能會覺得這樣的選擇，將會造成非常嚴重的後果。某個消息對某些人來說也許非常重要，對另一群人來說卻毫無意義，聽過就算了。

即便確實發出訊息，對方會怎麼接收那個訊息、會怎麼解讀那個訊息，那可就不一定了。當發出訊息者與接收訊息者的敏銳度、資質、意識程度相當，接收訊息者就能夠理解發出訊息者的意圖與目的。如果雙方接收訊息的方式與理解能力有落差，訊息就無法正確傳達了。

就算做的事情一樣，有些人馬上可以收受效果，有些人卻完全沒有效果，這也是當然的。很多時候，沒有經歷過的事情是不會懂的。

不過，可能也不只是接收訊息者的問題，也有可能是因為發出訊息者並不知道接收訊息者並未真正理解狀況。畢竟，他們已經經歷過、理解了，所以會認為對方應該也懂。類似這樣的情況，其實很常見。

就算發出訊息者已經傳達了珍貴的訊息，若沒有順利傳達給接收訊息者，雙方並未做好有效溝通，珍貴的訊息也會變得跟紙屑一樣。

大多數的人在出生之後，受到日常生活經驗的影響，很容易將自己禁錮在「窮體質三惡」中。如果說，我們在母體內就會受到影響，在出生以前就開始學習了，這麼說大部分的人都是窮體質，其實一點也不誇張。富體質的人，是不會困在三惡中成長的。

就算讓生活在三惡世界外的有錢人，為正活在三惡世界中的窮人們傳達如何變得有錢的方法，打從一開始，因為彼此的資質本來就不一樣，窮體質再怎麼模仿富體質的做法，也只是表面工夫，富體質理所當然得到手的東西，並不會出現在窮體質身上，就是這個道理。

光靠思考或想像，你也不會變成有錢人

光是在腦海中思考如何變成有錢人，在腦海中描繪自己變成有錢人的樣子，實現的可能性是非常低的。畢竟，富體質和窮體質在個人經驗上，早已是雲泥之別。

而且，發生在日常生活中的事情，都是實際體驗，非常真實。透過思考和想像得到的感受，與在真實生活中得到的感受，兩者完全無法比較。

每天在嘴裡唸著「好想變有錢、好想變有錢」的人，若只是在特定時間點思考，想著「我要賺很多錢，我要擁有大筆的財產和資產，我要好好享受生活」，終究難以實現。因為當他們嘴裡唸著「好想變有錢、好想變有錢」時，實際感受到的是「沒有錢」。每天都強烈感受到沒有錢的匱乏狀態，金錢當然不可能流進來。

不過，我不是說，想像與思考沒有效果。舉例來說，運動選手可以透過意象訓練，讓能力更上一層樓。然而，讓完全沒有運動經歷的人做意象訓練，卻沒有實際鍛練身體、練習跑步，就算他全力奔跑，最後也會因為雙腳打結、無法動彈而跌倒。

隱居山中冥想的人，就算在山中悟到一定的境地，也很難在下山後與人群有良好、順暢的互動。不須多說也曉得，冥想能力和溝通能力是完全不同的。

此外，一個人的環境，與多人的環境，也很不一樣。倘若有個人總愛與人起爭執、惹麻煩，就算他得到一筆可觀的資金、創立公司，也會把工作搞得一團糟。對他來說，光是與人相處，就是一件痛苦的事情，更不用說那些在過程中實際感受到的負面情緒問題。而「解決」這種痛苦最快的方法之一，就是公司破產倒閉。

比起思考與想像，在日常生活中體驗到的真實感受，影響力是非常強大的。我們的潛意識會依據真實感受到的程度，做出相對的回應。

培養富體質，讓錢自動流進來

你會為了想變成有錢人，去買彩券、賭馬，做一賭輸贏的事嗎？還是你會想像即將上市的新商品，能夠在一夕之間爆紅大賣，做一攫千金的美夢？

「就是現在！我就要變有錢了」，愈是擁有這種飢渴動物般心理狀態的人，愈想用白日夢般的博奕方式獲取大筆金錢。就像早年不少女性說到結婚，就會夢想自己能夠遇到白馬王子一樣；說到財富，不論時代如何變遷，也有很多人夢想著錢從天上掉下來。

可是，舉例來說，就像灰姑娘突然嫁給了王子，之後究竟過得如何呢？窮體質的人就算真的中了大獎、獲取大筆金錢，踏入從未進入的領域時，又會變成怎樣呢？你能夠具體想像之後的生活嗎？

忽然得到一筆巨款之後，很可能會變成「非零即百」的模式。在這種模式中，「一次得到大筆金錢」和「一次失去大筆金錢」是一組的，兩者一定都會發生。

比方說，A和B拿到一樣的錢當作創業資本，A是天生的富體質，B是窮體質。

A因為過去累積了不少經驗，已經擁有成為幹部的能力。對於社長的職責，也早就從自家長輩的身上了解許多。關於如何經營事業、如何帶領員工，也都有實際的經驗。而且，A預測未來的能力相當敏銳、優秀，更重要的是，因為決定權在自己身上，所以完全清楚其中的責任。

而在B的腦海裡，則是想著大家為他低頭行禮，自己在社長室裡很是威風，出入乘坐高級轎車，頻繁出國旅行等，全都是世界級大老闆的模樣。在這些想像中，完全不存在當上大老闆之後要肩負公司命運、開拓事業的具體願景。

這兩者就是實際經驗的感受，與想像中的感受完全不同的案例之一。富體質者在過去的家庭環境和成長環境中，已經培育出有錢人的資質，在不知不覺中學會了很多方法和技能，而窮體質者並沒有這類養成。

兩者的差距非常明顯，就算窮體質者突然獲得一筆巨款，也不知道該怎麼處理。他們很容易就會把錢花在無用的東西上，或是慘遭欺騙、利用，總是投資容易虧損的商品，最後變得身無一文的機率是很高的。

能夠順暢地獲得金錢，並且穩定地持續這種狀態，才稱得上是有錢人。

「我要一鳴驚人，我要讓大家嚇一跳。哪天我成為鉅富了，就要用全新的視野看待這個世界」，與其用這種博奕的方式攢錢，把人生目標訂為毫不實際的鉅富，倒不如一開始就好好養成富體質，讓金錢持續入袋，以期享受未來一帆風順的人生。

以現實生活中可能實現的目標來努力，才是真正的聰明人，各位說不是嗎？

第 2 章

你是否淪為窮體質？

改變思考和言行模式，金錢就會流進來

改變意識，就能夠創造財富

我從事心理諮商的工作將近三十年，接觸過數萬名客戶的人生經驗，透過他們不同的人生，我看到了一般人看不到的視野。

雖然大家都說肉眼看不透內心，因此無法了解發生了什麼事。然而，如果能把我提倡的「以自我為中心」研究透澈，就能夠具體看出事情為何會這麼發展了。

金錢課題也是如此。如果你把金錢當作關鍵字，精確掌控自己的動向，要從中發現自己的言行模式和這些言行模式的根源，反而變得

比較容易。

雖然蒐集到大家都說非常有效的情報，也依樣畫葫蘆跟著做了，卻看不見相同的成效。

「別人都順利達成了，我就是無法實現。」

如果你遇到這種事情，並非你運氣不好，有時也不是你的做法不對，極有可能是你的自我意識在很細微的程度下（不用顯微鏡觀察，就察覺不到的程度），做出了無法讓事情順利達成的微調行為。這就好像文章裡寫錯了幾個字，文意就完全改變一樣。這也就像我們不經意有所疏失，傷害對方、發生問題，最後導致破局一樣。

雖然說，這些情況是在無意中造成的，但有時在自我意識的深處，是能夠實際感受得到的。在我們進行思考、採取行動之前，都存在著意識。你之所以會這麼做、這麼想，都是基於你的意識。你的意識無論是正面的或負面的，都會決定你的思考與行為。

如果你的意識正面、積極，你就會採取正面的思考、積極的行動，也因此得到好結果的可能性就會非常高。

相反地，如果你的意識負面、消極，就會產生負面的思考、消極的行動，得到壞結果的可能性就會非常高。

「事情就這麼單純？」沒錯，就是這樣，很多人都把事情想得太複雜了。如果一開始打基礎就搞錯了方向，之後卻要勉強讓一切跟著步驟走，狀況當然就會顯得非常複雜。

焦急的意識，很容易使人窮忙

前來找我諮詢的客戶，雖然煩惱各自不同，問題千差萬別，年齡差距也大。裡頭不乏各種成功的案例——「解決好個人問題之後，錢也跟著來了！」「哪天瞬間倒閉也不會令人感到意外的公司，問題解決了！」「公司的營運變順了！」「努力實踐『以自我為中心』的做法之後，真的變有錢了！」

每個人言行舉止的基本模式，無論在家裡、在公司、和誰在一起，大致上都不會改變，因為那已經成為自我經驗，被身體記住了。我們的言行舉止，大多是在下意識產生的，就算成百上千次做一樣的事，也不會察覺原來自己一直採用相同的模式。

舉例來說，假設你在潛意識中一直感到焦急，就會在焦急的基礎上想事情。焦急地想事情，就會做出焦急的判斷，產生焦急的行動，結果很容易就把事情推往焦急的方向，導致不好的結果。這種焦急的行為，若是發生在經商上，就是持續赤字經營的虧本生意了。

沉迷於賭博和無法下定決心，在本質上是一樣的

「你是怎麼讓那一大筆錢在瞬間消失的呢？」

這世上總是有人會做出瞬間散盡錢財，讓做事踏實的人驚呆的事，雖然乍看之下，好像只是偶發事件而已。

舉例來說，你應該聽過這樣的事吧？在心裡想著「這真的是最後一次了，我就要收手了」，然後最後再試了一次，沒想到真的變成「最後一次」，因為所有的財產都輸光了。

提到賭博，我們都曉得，只要贏了，應該見好就收，這樣至少還能夠小賺一筆。但是，「以他人為中心」的窮體質，心裡想的會是：「我要讓資金翻倍，這次贏了，就能夠賺更多了！」

此時，他們的目光就會局限在得失之間，無法脫身。就算運氣用

盡、邁向賠錢一途，也會想著「再一次，這真的是最後一次了，這是最後一次！」，無法見好就收。

這樣連續輸個兩、三次之後，就會更想要把輸掉的錢再贏回來，因此就會開始感到焦急。如此一來，自然是無法冷靜思考了，情緒一上來，很容易就會一瞬間把錢燒光。

也許，我在這裡舉賭博的例子，很多讀者會認為跟自己一點關係也沒有。但實際上，我們也在日常生活中，重複做了很多類似的事，就像那戒不掉的菸一樣。

「好胖喔！哎喲，算了，這是最後一塊蛋糕。」

「今天是特別的日子，明天開始執行。」

「明天要開始認真讀書了。」

「下週開始，我絕對不會再遲到。」

雖然做了決定，卻無法確實執行，這跟進了賭場不到最後一刻不死心的行為，在意識構造上是一模一樣的。

依賴他人成事的窮體質特徵

窮體質缺乏全面性的大局觀

受限於眼前的得失，也是窮體質的特徵。這種得失判斷，就像為了眼前的紅蘿蔔奔跑的馬一樣，感覺起來好像「有賺頭」的東西，在判斷階段就已經產生很大的錯誤。

比方說，因為公司給的薪水很低，所以私下打工，做了詐欺的事。但是，如果薪水低到需要詐欺的地步，轉職才是正常的決定，不是嗎？

我問了其中一個人：「你為什麼不換工作呢？」

他回答我：「我當時沒有想到可以換工作。」

像這樣，**一旦眼光受限，思考的範圍就會變得非常狹隘。在面對事情時，就無法採取理性的觀點，無法看透大局。**

有些情況則是因為一開始就欠缺俯瞰整體情勢的能力，所以才會一直追求眼前的蠅頭小利。進一步了解他們的想法，就會發現他們打從內心缺乏自信，非常膽怯。

「如果把這邊的工作辭了，我就沒地方去了。」

「公司不讓我離開。如果我辭職，說不定會被刁難。」

如果不能夠好好察覺自己的狀態，就會不斷奔波，忙於眼前的利益，最後走向因小失大的人生。再說，倘若沒有改善自己最根本的負面意識，光是想靠外力、幻想著「成為有錢人」，別說幸運之神會眷顧，反而可能先成為冤大頭，慘遭他人利用呢。

不斷抱怨，只會毀了自己

「反正，船到橋頭自然直。」

「就算不是我來處理，總會有誰可以解決的。」

「或許到了某個時間點，情況就會不一樣了。」

「問題還沒有嚴重到影響核心啊。」

像這樣低估事態，把問題擺在一旁，彷彿丟給神明解決般的態度，也是目光受限的人很容易發生的情況。

「責任要是推到我的身上，可就令人頭大了。」

「現在還沒有資金。」

「我又沒有決定權，要冒險主張意見，可就吃虧了。」

像這樣完全以自己的立場和利益為優先，不僅會帶來莫大的損失，最後很容易導致自己身處險境。

「以他人為中心」的人容易抱持的不平與不滿，也是從這種得失心態衍生的。如果大家都像前文描述的那麼想、都抱持著不滿的話，最後公司倒閉破產，也絕非偶然。只不過，如果公司現在已經陷入這種狀況的話，可以說相關人士都已經抱持著「倒了還比較好」的意識了。

會一直抱怨，就是對不足的東西感到不滿。如果是就錢這件事來說，只能說「愈抱怨，錢會愈少」。

抱怨本身是積極的攻擊行為，如果是抱怨公司，等於是在攻擊自己的公司，這根本就是自掐脖子的行為。

如果能夠明確劃分公司決策階層每個人的職掌，讓他們自覺執行應盡的責任義務，這樣的意識就有可能拯救公司的危機。當然，這是因為他們在潛意識裡，做出了能讓公司從危機中脫身的言行。

要是大家站在各自的立場、不想擔責任，把責任推給其他人，逃避責任的意識強烈，下意識就會表現出造成更多失誤與糾紛的言行。

當這樣的意識蔓延到全公司，各處室、各部門、各單位都產生負面的言行，事態就會順著他們的意願，讓公司走向倒閉一途。

大多數的人都會在日常生活中不經意有所抱怨，但從意識層面來看，抱怨的威力之強大，足以左右公司的存亡。

窮體質不懂得選擇舒適的路

我們不能輕視自己的感受。

我們總在下意識追隨自己的實際感受，做出選擇。比方說，環境舒適的A公司和環境惡劣的B公司，富體質的人在看到A公司與

B 公司時，會毫不猶豫地選擇 A 公司。

至於窮體質的人，或許你會覺得很不可思議，竟然會選擇 B 公司，為什麼？因為當他們看到 A 公司光鮮亮麗的一面時，會心存懷疑：「這公司看起來這麼假，怎麼可能會是真的？」

他們不會相信自己不曾經歷、體會過的事，在辛苦環境中成長的人，會相信「社會就是這麼殘酷」，因此他們會相信 A 公司那樣舒適的環境是假的。

而且，就算相信 A 公司是真的好了，他們也會覺得自己並非適合待在那種環境的人。

在嚴苛環境中成長的人，會把殘酷的環境視為理所當然。也因此，當他們想要選擇舒適的選項時，就會心生罪惡感，覺得自己做了一件很要不得的事。他們會覺得幸福、滿足、獲取豐厚利益或大把金錢，是很罪惡的事，覺得自己沒資格得到。

如果陷入這樣的想法，就算真的進入A公司就職了，也會因為這個地方和過去待的環境不同，而感到不適應和孤獨、覺得沒有歸屬感，最後走上辭職一途。

富體質能讓金錢輕鬆、順利、持續湧進來

富體質不會靠壓榨和爭奪取得錢財

為什麼窮體質的人不選擇待在 A 公司呢？在潛意識中有太多原因了，其中一項主因就是他們害怕擔責任。

環境不好的公司，很多都是公司內部的職掌與責任曖昧不明，像鍋大雜燴一樣。這也是窮體質的特徵。因此，插手他人職掌、忽視自己正在造成他人困擾、強勢以自己的做法干涉別人做事的情況屢屢發生。另一方面，卻把自己的責任推給其他人、製造內部鬥爭，各種狀況百出，問題層出不窮。

比喻成打棒球的話，就像球飛過來時，彼此都以為對方會把球接起來，最後造成安打的結局。一旦發生了這種事，就會互相推卸責任，彼此決裂，因為無法拿出具體的對策，讓事態變得更加嚴重。

窮體質的人會在潛意識閃避掉「負責」這件事。「責任算什麼東西？黑心公司的老闆，還不是一樣成為有錢人。」的確如此沒錯，不過那是「關係」的問題。

在此，我想多言一句，搶奪他人的東西，透過榨取而變得有錢的人，不算是富體質。雖然他們有無止境的欲望，但不是真正在充實、喜悅的狀態下獲得滿足。

在「以自我為中心」的心理學裡，所謂的「富體質」，是不會互相爭奪的。他們會用「輕鬆、順利、持續」的方式，取得安定的收入，成為有錢人。

「那樣的龜速，也太慢了吧！如果可以馬上變成有錢人，就算是當黑心企業的老闆，被人在背後指指點點，我也無所謂。」

或許有人真的會慷慨激昂地這麼說，但愈是激動，就愈代表自己根本做不到。支撐著那股激昂情緒的，就是戰鬥意識和「非零即百」的意識，而這就已經決定了未來。

富體質擅長保全自己

富體質不會主動與人發生爭奪，他們用不著與人鬥爭，也能夠保全自己。而且，他們知道即使不與人爭奪，潛意識會讓自己事事順利。

就連貪心的「偽」富體質的有錢人，也是不與人爭奪的。從意識的角度來說，他們打從一開始，就沒有懷疑過身為有錢人這件事。不論好壞，他們與窮體質者在面對善惡的基準上，可謂天差地別。

賺大錢對他們來說，是毫無罪惡感的，所以他們不會讓自己辛苦地與人爭奪。不過，當然不可能真的完全不與人爭，但就算有相爭的必要，他們也不會率先站在戰鬥的最前線、扮演士兵的角色。

想要達到目的時，他們會變得小心、周到，甚至狡猾。為了達到目的，他們會絞盡腦汁，讓每件事情都成為計畫中的一環，而且毫不猶豫地去做。

正因為有這樣的執行力，他們能夠成為有錢人或富豪。就是這樣的人，能夠站在金字塔頂端，君臨天下。

無論是哪個世界、哪個領域，到處都矗立著金字塔般的階級，社會就是這樣組成的。有錢人與窮人的比例，也因為這樣的平衡關係而成立。

窮體質的意識愈強，窮體質的人就會愈多；這樣一來，與站在金字塔頂端者之間的差距，也會愈拉愈大。這就是現今的社會，而且這個平衡，與善惡是毫無關係的。

無論多麼欽羨、嚮往金字塔頂端，窮體質者的意識，只會把站在金字塔頂端君臨天下者，推往更高的高度去。

「那我就把目標設定在金字塔頂端就好啦！」就算誇下這般豪語，窮體質的意識早就決定了立足點，能不能成為有錢人早已成為定局。

崇拜，也是窮體質的特徵

所以，一開始就不要打那樣的算盤，才是明智之舉。

「窮體質就不能懷抱成為富豪的夢想了嗎？」，並不是這樣的。

要不要懷抱這樣的夢想，是個人自由。但是，窮體質者打從意識深處，早已習慣窮體質的思維，若不加以改善，想要成為富豪的願望，終究是像水中泡影般虛無。而且，有時非但沒有改善窮體質，還被一心想要成為富豪的夢想強拉著走，最後積欠了龐大債務。

我在前面的段落中提到「欽羨站在頂端者」，很多人讀到這句話，應該都毫不留意，甚至直接忽視吧。不過，這種「欽羨站在頂端者」的行為，也是窮體質的特徵之一。

為什麼會這麼說呢？

假設你是那位欽羨上位者，你的意識大概會是怎麼樣的呢？此時此刻，你會站在什麼位置上？你站的位置，至少不會是高處往下看的地方，而那就是你的立足之地，是你把自己放在那個位置上的。

也就是說，是你決定「自己沒站在高處」的。從金錢的角度來說，是你決定「我無法成為有錢人」的。

此外，像「憧憬」、「崇拜」這樣的意識，同樣是把自己定位在下方。這種付出敬意、付出尊敬的對等意識，看起來好像沒有問題，事實上卻是錯的。特別是「崇拜」的意識，等同宣誓了「我是忠實的僕人，無論你怎麼對我，我都發誓絕對服從。」

請捨棄浮誇的妄想

某位名女人曾經說過這樣的話：「受人矚目，是我的活力來源。」這就是站在頂端往下看的意識。

這就是站在高處君臨天下，令他人憧憬、崇拜自己的表現。以君臨天下的角度放眼望去，那些崇拜自己的人們，看起來就像是不惜奉身獻出貴重財產的僕人一樣。

像這樣的崇拜者愈多，君臨天下者的財富和能力就愈加壯大。當然，那些獻身讓君臨天下者愉悅、高興的崇拜者，幸運之神並不會眷顧他們，因為決定處於奉獻立場的人，正是他們自己。

大部分擁有這種窮體質的一般大眾，就算只是抱著淡淡的期待與夢想：「搞不好，哪天我也能夠成為名人／名媛的朋友」，也只會為自己帶來「放棄」的意識。

「反正不會實現，做做夢也好。」

這當然也是一種生活方式，我沒有否定的意思。但如果你真的想要成為有錢人，請立刻捨棄這種浮誇的妄想，好好面對現實，當個能夠認清現實的人。

讓人無法變成有錢人的社會結構

現在的社會結構，正在打造窮體質

有時我會覺得，當我們認為世上的現象，都是「幸運、偶然」的同時，一切其實都是在精細計算、縝密計畫下成立的。

比方說，公司高層決定採用特定人選擔任幹部，雖然表面上看起來機會公平，但要是你沒發覺真相，就會有這樣的感嘆：

「那傢伙的運氣為什麼這麼好？也太令人羨慕了吧。為什麼我這麼努力，還是沒有得到回報？」

「難道是我能力不好？」

像這樣的誤會，可能會使你喪失信心。

現在，不只是傳統藝能界，就連政治界、經濟界、演藝界等，都是世襲的時代。**這對那些無親無故、沒錢沒靠山的人來說，社會雖然看似公平，其實充滿了許多讓人誤以為公平的幻想。**

讓人從幻想中徹底清醒的，就是稅制。我不清楚國外的情形，但至少在日本，除了少數特別的人，再怎麼努力賺錢，日本的稅制就是個讓人無法成為鉅富的制度。

暫且不談那些想要一決勝負卻輸光錢的有錢人，對想要持續、順利賺進大把錢財的有錢人來說，以日本的稅制條件，非得掙進比實際收入多上好幾倍的金錢不可。

有時，付出了比平常多兩、三倍的努力，賺進了兩、三千萬日圓，卻因為繳納了高額稅金，結果和收入一千萬日圓的人沒有太大差別，終究無法透過勞力獲取相對的回報。

直白地說，雖然這個國家允許人民成為「擁有一千萬日圓以內的小富翁」，但是過了這個門檻，稅額就像新幹線飛奔般往上飆升。要衝破高牆成為鉅富，是非常困難的。

雖然我們常在網路上看到一、兩億日圓的字眼，但他們實際擁有的，並不是一、兩億日圓，若要實拿一、兩億日圓，就要賺進比這個多上好幾倍的金額才行。

在超級富豪的世界裡，或許有你完全想像不到的節稅技巧，但這些技巧對窮體質者來說，完全派不上用場。

這個世界，除了有錢人和窮苦人的差別，也有超級富豪和小富翁的差別。如果不熟悉社會結構，只是在腦海裡想著「我想要變成有錢人」，最終也只是停留在想像階段罷了。

有錢人和普通百姓之間，有一道無法跨越的鴻溝。總之，也可說是社會結構造就了窮體質。

窮體質會允許自己一直被壓榨

我曾經在螢幕上看過，國家領導人在國會答辯時提到：「稅收是從國民身上取得的錢……」，在他們眼裡，國民的稅金就是這樣的存在。而允許他們如此發言的人，就是擁有窮體質的一般大眾。

即使受到不當的待遇，也會因為害怕而止步：「若是我把工作辭了，這把年紀找不到其他工作了。」

配合周圍環境的人心裡會想：「大家都還在加班，只有我下班的話，對大家不好意思。」或是「大家都還在加班，我若是提早離開，就太不合群了。」結果就是繼續加班好幾個小時。

這些都是認為互助合作的精神比較好而已，但是事情還有不同的看法。

如果人手不足，應該再雇人來做；這麼一來，大家就可以做得輕鬆一點，這也是一種見解。

如果你的工作環境和條件很嚴苛，或許是你窮體質裡「仰望上位者」的意識、「崇拜」的意識、「貢獻他人」的意識正在作祟，讓你打從心底認可自己被壓榨的狀態。

你想成爲千萬富翁嗎？從建立意識基準開始

窮體質者應該要在意識中建立一個基準，如果把全世界的財富，

平均分配給每個人，我們的平均年收入，到底會是多少？

由於數字太過龐大，我很難在此說得精準，但可以肯定的是，一定會比我們現在的年收入多出好幾倍吧。感覺起來，扣掉稅金之後，大概還會有兩千萬日圓左右。

「現在的我，真的、真的太不行了……。」如果你有類似的想法，請不要這樣否定自己。這樣的意識，是會擋住財路的。

如果你用下列的想法思考事情，會有什麼樣的感受呢？

「把全世界的財富平均分配之後，我就可以毫無罪惡感地年收入兩千萬日圓，我真心覺得自己擁有這樣的價值，這才是公平的分配。」

「對嘛，就是這樣。這樣的金額才公平！」

你是否有恍然大悟的感覺呢？一旦你覺得事情理所當然，自然就能坦率接受，不是嗎？

首先，你只要「實際感受到」賺進兩千萬日圓，是公平的事就可以了。如前所述，現在的社會結構，會讓大家無法成為富豪，在這個前提下，要先把自我意識的基準設定好。這也是在對自己「付出敬意」，以此做為意識的基準，就此展開思考與行動。

與其做白日夢靠賭博一夜致富，或是想要成為連潛意識也知道達不到的億萬富翁，不如好好面對現實，認真以「成為千萬富翁、數千萬富翁」為目標。

如果能夠先做到這一點，你真的很渴望的「邁向億萬富翁之路」，才會接著展開。

第3章

從根本改變意識，金錢才容易流進來

窮體質會在下意識選擇失敗的路

你是否在不知不覺中，降低了自我確信度？

就像我們在前一章說的，「崇拜」這件事，已經決定了無法讓你站在高處。不過，這並不是無法可解的問題，只要你能夠改變自我意識。

你是否重新審視過自我的實際感受，並且檢視你的感受是怎麼來的嗎？

一般來說，腦袋在思考或心裡在嘀咕某件事情的時候，我們通常很少留意到這些心思對自己的身心造成什麼樣的影響，而我們又是怎樣感受到它們的。若是「以他人為中心」的人，更不會關心自己的感受了。

無論你對這些感受是否有所自覺，恐怕都會認為它們不值得一提，然而就是這些感受日積月累，決定你究竟是窮體質還是富體質。

同樣是面對崇拜的人物或憧憬的目標，窮體質與富體質的意識，是有很大的差別的。我們可以用「確信度」，來表示自己有多麼相信一件事。

比方說，你有個崇拜的對象，若你認為自己未來也很有可能成為那樣的人，就表示你的確信度高，你可能比較容易實現這個想法。

若你只是覺得「啊！好想成為那種人喔。好好喔，如果我也能夠那樣，該有多好？」卻消極地認為自己「絕對不可能」成為那樣的人，你實現夢想的確信度就非常低。

如果你每次湧現崇拜、欽羨的情緒時，都認為「我的願望不會實現」，就會在潛意識中強化了「我不可能變成那樣」的念頭，這只會讓你的確信度愈來愈低。

即便「崇拜」的意識是一樣的，窮體質與富體質在實際感受上，是不一樣的。

窮體質的自我信賴度很低

你是怎麼看待自己的？你對自己的看法，也可以稱為對你自己的「信賴度」。如果你在不知不覺中感受到的是負面的實際感覺，就可以說你對自己的信賴度是低的。

假如你對自己的信賴度很低，就不可能是能夠持續有錢的富體質。要是你對自己的信賴度低，又帶著崇拜的意識，這樣只會把你賺進來的金錢與財產，無條件地奉送出去。

「到底要怎麼做，才能夠變成有錢人啊？」

「哪邊比較有賺頭？」

就算你在腦海中不斷地思考這些問題，這些很想賺錢的想法，也沒有生財的力量。大多數的人都誤會了，以為只要一直想著賺錢就好了。

那麼，用腦袋思考、盤算或計畫，究竟有沒有用？說實在的，你的自我意識，早就決定你是窮體質或富體質了。

在預測或制定計畫時，腦袋裡的想法大致上可以區分為「算起來應該會賺錢吧！」和「如果確實執行這項計畫，肯定會賺到錢」，而富體質會去實踐，窮體質並不會。

就算確定有辦法，知道「這麼做一定會成功」，窮體質也會因為先前提到、已經根深蒂固的窮體質三惡——「相互爭奪」、「忍耐」、「有罪惡感」，造成某些問題與狀況，可能是不想與他人合作、不自覺與人競爭，或是發生背叛、報復等情形，讓負面情緒影響到事物的進展。

他們會刻意選擇符合自己感覺的言行，而這樣的行為，實際上就是在下意識選擇失敗的路。

你在扯自己的後腿嗎？

你是如何看待自己的呢？「自我感受」會告訴你一些事。

正向意識的實際感受，就是能夠信賴自己、肯定自己，相信「我的存在是有價值的，我值得獲得豐厚的財富」。

這個意識的存在型態和感受方式是非常重要的，原因很簡單，我們對自己抱持的自負、自尊與驕傲，代表著我們允許自己擁有的財富總額。

當你相信自己有價值，你就能夠得到相對應的收入。

當你認為自己沒有價值時，你會在無意識中拒絕金錢的到來，就算得到了，也可能因為浪費、被奪走，而導致錢變少。

其實，你已經決定了自己的未來會變成什麼樣子；可以說，我們在每一天的生活中，自己做出了那些決定。

如果你能夠逐一檢視自己的意識，就會發現一項諷刺的事實：

「什麼？原來扯後腿的人，就是我自己。」

當你知道拒絕成為有錢人的人，其實就是你自己時，肯定會大吃一驚。

世上充斥著自導自演的人

窮體質三惡也會影響身體健康

你知道什麼是「自導自演」嗎？就是自己引起了騷動，再自己收拾。

很多人都會做出這種「鬧事後再補救」的事，愈是窮體質的人，愈容易在不知不覺中，讓自己陷入這樣的戲碼，而且不斷地重複上演。

我們的身心息息相關，均衡的飲食、規律的生活作息、適度運動等，應該沒有人會不同意這些維持健康的基本原則吧！但是，只要遵守這些原則，就能夠維持健康嗎？其實也不盡然。

比方說，再怎麼遵守基本原則，如果一年三百六十五天，天天都被人罵「你這個廢物！真是無能，白痴。」我想，無論是誰，都會真的以為「自己真是不如人，沒有存在的價值」吧。

無論在家裡或職場上，如果被不停地怒吼或責罵，你會怎麼樣？又或者，如果是你不停地發怒、生氣、焦躁，又會如何？

在那樣的狀態下，不可能不對身體造成影響。長時間被囚禁在負面意識裡，身體一定會產生各種大大小小的不適。在那樣的生活環境中，無視於自己的內心，只為了身體上的不適而就醫，是很難痊癒的。

就像現代人的文明病、慢性病、長年痼疾等字面上的意思，要是你也得了這些病，認為「我這輩子都擺脫不了這種病了。」只要你這麼認為，事情就可能如你所想的那樣，使得疾病更難治癒。

每個人的身心都是無法分開的，窮體質三惡和身體上的疾病，也

有很大的關係。

生活方式如果不健康，就算是拚了命賺錢、攢了積蓄，也會為了改善身體的毛病，長期往返醫院就診，甚至必須住院治療，最終徒留對老後不知該如何過活的不安。這就是我說的「自導自演」的行為，而且成功的自導自演，能夠為自己帶來利益，這種則是對自己毫無益處可言。

喜歡自導自演的人，在人際關係上也維持同樣的模式

在你的工作環境中，是否有人會開口介入他人的工作，將自己的想法強加在他人身上呢？

「你應該這麼做。」

「之前就說過了，為什麼你不照我說的做？」

像這樣，在家裡、職場上和朋友之間，如果都是很常見的情況，就是一種慣性行為。

勉強別人的人，一般都相信自己的做法才是對的，但那是他們自己這麼認為罷了。

每個人對每件事都有自己的做法，但勉強別人的人，並不信任別人的做法。當他們覺得自己的做法才正確時，就不會考慮到對方的心情，會一步步入侵到別人的領域去。甚至，有些人還會覺得，自己這麼做，是一種親切的行為。

被強迫但無法拒絕的人，想必是帶著不愉快的心情默默服從的。

有些人甚至怎樣都無法把事情做好，最後導致喪失自信。實情是，那些人所謂的「親切」，只不過是「手段」罷了。

施加壓力給他人的人搞不好自己也沒發現，其實自己的真正目的，並不是好心「為了教會他人」，只是要對方「按照自己的方法做事，顯示自己很行」罷了。

或許，滿足支配他人的欲望，才是他們真正的目標。對這些人來說，當被壓迫者感到困惑、面露難色時，就是他們出手攻擊的好時機。

「還在那裡摸什麼？拖拖拉拉的。」

「就這麼一點小事，也弄不好嗎？」

有時候，甚至還會窮追猛打——

「讓開！我來幫你做！」

「你在做什麼？還在發什麼呆！」

「你在搞什麼鬼？為什麼還在那裡遊手好閒！」

「我正在幫你的忙呢，你該給我倒杯茶吧！」

「我都幫你弄好了，總該說一句謝謝吧。」

諸如此類的話，只會排山倒海而來。

你是否常被善於自導自演的人攻擊呢？

善於自導自演的人，會自己引起騷動，一邊先發制人、攻擊他人，一邊讓自己站在有利的優越位置上。

尤其是站在指導立場的人，總會冠冕堂皇地指責對方，在不知不覺中愈做愈超過，最後很容易演變成這樣的結果：

「你看，就像我說的，失敗了吧！」

「如果你一開始就聽我的，事情就不會變成這樣了。」

「你看吧！擔心的事情終於發生了。」

「照我說的做，就不會有錯了。」

窮體質很容易受到這種人影響，開始懷疑自己：

「是我不好嗎？」

「是我能力差，事情才會變成這樣的，對吧？」

但事實上，他們通常還比對方更適合、更正確，卻因為對自己的信賴度低，所以會「以他人為中心」行事，把對方當成評判自己的標準。

這麼一來，就會變成：

- 工作上的事，拚命努力就對了！
- 咬牙忍耐就對了。
- 不許犯錯。
- 不能失誤。

- 一旦犯錯，就要努力面對、認真反省、小心留意，不能再犯。
- 做到完美是理所當然的，一定要以完美為目標。
- 吃得了苦，才會變強（並且對此深信不疑）。

結果，就會對自己愈來愈嚴苛，一旦達不到標準，就會開始責怪自己，並且帶著罪惡感，更加深了窮體質。

當然，這樣的行為和要求自己「不應該成功，不應該成為有錢人」，是一樣的道理。

自導自演者的心理機制

會自導自演的人，跟輕信自導自演者因此受到影響的人，可謂系出同源。兩者的共通點就是，都堅信「戰鬥。不贏，就不會成功，就無法成為有錢人。」

在工作上發生問題，能夠冷靜討論的人，就不會用爭奪的方式尋找問題的解方。但是，對善於爭鬥的人來說，就不是這麼一回事了。

「解決問題」並不是他們的目標，「戰勝」才是他們的目標。

對於以戰勝為目標的人來說，在他們的眼裡只有兩種可能：贏過他人、使他人服從自己，或是輸給他人、服從他人。即使明知爭奪會讓問題變得更加嚴重，他們還是會以「戰勝」為目標。

說得極端一點，與其和平與人對話，他們愛好戰鬥。

當然，有些人的問題可能是技術面的「不懂得怎麼與人和平對談」，但是更根本的問題是，他們並不相信和對方討論能夠解決問題，因為打從一開始，他們就不信任別人。

為什麼他們無法信任別人？說到底，問題都出在自己的心裡。

可能是因為他們曾經遭受過背叛，所以會認為「人是無法信任的」，但這同時代表了「自己無法被人信任」，或是察覺到自己「正在做無法被他人信任的事」。

簡單來說，他們的行為就像在昭告大眾「我無法被信任，還可能會背叛你喔。」

窮體質無法精準掌握時機解決問題

激烈的爭奪就像運動一樣，會產生某種快感。透過這種方式取得勝利，也會達到相當程度的成就感。選舉就是如此。

把目標放在戰勝的人們，追求著興奮與成就感，他們會威脅對手、恐嚇對方，要求別人依照自己的指示做事。

愈是不信任別人的人，愈會用威嚇的方法，抓住對方的弱點、掀開對方的底細，要求別人順從自己。就算只要敞開胸襟談話，就能夠滿足彼此的需求、解決問題，他們還是會把每件事都搞到起爭執的地步。

對於可以和平討論事情的人來說，這種行為非常奇妙。但是，對於一直「想要戰鬥、想要爭贏」的人來說，冷靜的對談非常令人恐懼。

就算可以溫和提醒對方，他們也只會用怒吼的方式來提醒。想當然耳，這是因為用怒吼、脅迫的方式，能夠彰顯他們優越的地位。

舉例來說，如果能在事情剛起步的A階段提醒對方，就能防患未然，不至於在後續造成太大的問題。但是，在這種時候，他們並不會提出來，因為在這個階段，他們無從生氣。

還有一點非常重要，在一直想要戰勝的人眼中，是看不到A階段的。假使他們在A階段就發現問題了，也無法精準預測如果置之不理，會有什麼結果；即使在可能導致更大問題的時間點，他們也看不出來。

這就是窮體質「決定性的缺點」，在還有機會簡單解決問題的A階段會遭到忽視，然後事情發展到了C階段、D階段，或是問題大到不處理不行時，他們的怒火就會燃燒起來——「到目前為止，都在搞什麼鬼呀？為什麼沒有更早發現問題？」

從潛意識的觀點來探討這件事，就是為了「怒吼」，把事情搞到這種地步。就像他們期望的那樣，不管什麼事，最後都要弄到需要「威嚇」的程度。

這就是潛意識厲害的地方，可惜的是，「以他人為中心」的窮體質，完全沒有發覺這件事。

你能夠若無其事地做違反良心的事嗎？

這世上意圖「自導自演」的事情很常見，比方說，在爭奪第一名的競賽裡，打從一開始就決定好第一名的人選了。

為了讓內定第一名的人奪冠，只要為這個人量身打造遊戲規則，例如只比他一定會贏的項目，不管其他參賽者再怎麼努力，都無法改變早已決定好的結果。

又例如有些試鏡，明明已經有了內定人選，卻為了宣傳新片而進行公開招募。為了讓招募看起來公平公正，提出的身高、體重、髮色、眼睛的顏色、體格、專長等資格，都是依照那位內定人選的條件設定的，就是為了讓那位內定人選順利脫穎而出。

不僅如此，醫院為了營利，可能會盡量多開藥給健康的人；就連電視新聞和報紙上的報導，都可能往特定方向操作。現今，無論業界大小，這樣的事都像家常便飯般發生著。

這就是整個社會「自導自演」的實際狀態，運作得當，或許你也能夠遇到良機，搖身成為鉅富。但是，看到這裡，如果你馬上做出結論：「看吧！就說做壞事，比較有賺頭！」話就說得太早了。

即便這種做法有可能帶來財富，但是能不能夠實行，還是另外的問題。畢竟，就算在腦海中打了如意算盤，認為「這麼做，比較有賺頭」，但是違背良心的事，一般人還是做不大下去的。

成爲有錢人的健康心理機制

能夠設下陷阱瞞騙、背叛、欺詐他人，而且絲毫不感到痛癢的人，或許下得了手幹壞事，但是一般來說，我們普通人是無法如此邪惡的。

即使窮盡貪欲、冷酷，想要耍奸使計，實際上要真正執行時，恐怕也沒有那麼容易。窮體質就算想幹類似的壞事，恐怕計畫也會泡湯、失敗收場，這是因為深陷窮體質三惡所致。

話說回來，如果你是那種做得到「自導自演」的人，應該早就用這種手段，獲取相當的財富。但要是「現在」的你，並沒有靠那種手段成為有錢人，就證明了你做不到而已。

不管你多麼相信「不幹壞事，就賺不了大錢；不做骯髒事，就攢不了財富」，只要現在的你不是有錢人，就表示對你來說這是不可能做到的。

如果你不能有所自覺，知道自己做不到哪些事，還一直夢想著：

「哪天我要搞一筆大的，發大財。」只會讓你的窮體質變得更嚴重而已，與其如此，還不如選擇能夠確實賺到錢的方法來得健康，實現的可能性也比較高。

富體質擁有自立的能力

在「自導自演」的特質當中，有一點需要大家特別留意。用這種方式獲得讚賞、壓迫別人獨占利益的人，都被囚禁在勝負的爭鬥關係裡。而爭鬥這件事要能成立，一定需要互相爭奪的對手，這就是重點。

所謂的「自立」，就如同字面上的意思，能夠靠自己立足，不必依靠任何人。

因為對自己的信賴度夠，所以能夠相信自己。像這樣的人，如果需要他人提供協助，也能夠先從自己開始行動。因為他們隨時都能從自己率先採取行動，甚至帶動他人，所以擁有自負心與安全感，一個人也能夠立足於社會上。

和「自立」相反的，就是「支配關係」。「支配關係」要能成立，就需要他人存在。

要支配他人，就要有被支配者。要獲得別人認同，也要有他人存在。

身為支配者，如果沒有他人奉獻，是無法獨力成就很多事情的。「如果別人不幫忙煮飯，他們自己也不會下廚」，就這點來說，可以說，支配者是一種非常「脆弱的存在」。

不過，**在現實社會中，這些「脆弱的存在」往往被奉於上位，得到許多人的照顧和恩惠。**不用我多說，這當然是因為窮體質的人占了壓倒性的多數，而富體質的人數極少的關係。

我要再強調一次，富體質是可以「輕鬆、順暢、持續」得到收入，「以自我為中心」的人。他們對自己有自信，從過去的經驗中得知，就算不與人爭奪、不依存於他人，也可以得到渴望之物，同時允許自己享受富足的生活。為了實現自己的欲求，他們完全樂在其中，專心一志。至於窮體質，則是完全無法相信自己的能力。

照理說，會「自己做飯」的人，具有從零到有的能力，擁有創造力，應該是比較強的。無法發覺這件事的人，可以說是被窮體質三惡徹底影響了，由此產生的不安和恐懼感，讓原本實力堅強的人無法察覺到，其實自己擁有自立的能力，而讓自己依附於支配者，甘願當個被支配者。

這不就是現今社會結構的真相嗎？

想要打破這樣的結構，只要單純地在心中發誓，「這一切都是我把你擺在上位，為你犧牲奉獻的結果。**從現在開始，我要為了自己行動。**你的事情，也有勞你自己動手解決吧！」，然後付諸實行就可以了。

不安與恐懼感會擴大貧富差距

窮體質容易捲入「三角關係」

我自己有一套「三角關係」的哲理，在三角關係中，只要有一邊崩塌，一切就會瓦解。

在情緒方面，除了個人情緒，也有團體、組織、社會的情緒。把團體、組織、社會中每個人的情緒加總起來，就是團體、組織、社會的整體情緒。

一個人覺得焦躁不安是個人感受，如果群體中大多數的人都感到焦躁不安，就會因為彼此間的相互作用、加乘效果，形成一個焦躁不安的社會。

帶著怒氣的人愈多，在社會的每個角落，就愈容易發生「暴怒」的事情。

善於「自導自演」的人，會扮演煽風點火的角色。如同前面說過的，這種人無法自己從零到有創造事物，看起來好像很強勢，實際上卻是「脆弱的存在」，他們想要讓別人緊緊依附自己，就只有這種方法了。

只要讓窮體質的人陷入這種結構中，擴大他們的不安與恐懼感，就能夠在各方面拉大彼此之間的差距，這也是一種平衡。

今天的社會，之所以能夠維持「支配」與「被支配」的平衡，就是因為窮體質三惡的意識支持這樣的關係。

我要再強調一次，這個世界的森羅萬象，都是建構在平衡之上的，與善惡之說毫無關係。當平衡偏向極端的一方時，終將面臨瓦解。或是，在平衡的狀態下，只要毀掉其中一部分，就會全盤崩塌。

好戰的人，必定樹立敵人，他們不喜歡和平，最大的原因就是在和平的狀態下，他們感受不到自己的存在。

喜愛和平的人，則是因為他們體驗過和平的感受。不懂得和平珍貴的人，就連身在其中，都無法體會到那有多麼安適。

所謂的「沒有愛」，就是這麼一回事。

好戰者能夠感受到的，是滿足了支配欲、擁有欲之後的充實感，或是報復之後的快感。因此，他們的人生，只能為了貪欲而活。

就算好戰者在口頭上宣稱是「為了和平」，但是在潛意識裡，他們還是期望戰爭的。假使為了和平而採取行動，他們也會在無意中把事情帶往戰爭的方向。

當然，那些一邊「自導自演」，一邊安處於戰線最後方指揮作戰的人，是可以得到財富的。但是，在最前線打仗的人，幾乎沒有取得財富的機會，而這些站在最前線的人，就是窮體質的人。

那麼，究竟要怎麼做，才能夠擺脫窮體質呢？此時，就要活用「三角關係」的原理。

三角關係令對抗更加激烈

舉例來說，三角關係中的A、B、C三個角色，發生了爭執。

三者因為利害關係，在不同時機、場合與狀況，發生了二對一的情形，有時合作，有時對立。說起來，三角關係本來就屬於「爭鬥的構圖」，再怎麼想要圓滿解決問題，終究無法面面俱到。

為了解除這樣的狀態，大多數的人都會這麼想：「那我就讓自己變成裡面最強的那個，不就好了？」

我必須說，這種想法本身，就是擴大社會貧富差距的元凶。

三角關係中的當事人，是很難抽身出來，用宏觀的角度看待問題的。他們想的是：「想要壓制對方，一定要戰勝他們才行」，導致爭奪變得更加激烈。

假使在這種時候，C收起爭奪之心，費盡苦心周旋在A、B之間，設法解決事情好了，一樣對結果沒有任何幫助。

如果你陷在那樣的情況裡，使盡各種辦法以後，試到無路可走了，肯定會掉入絕望的情緒裡。

從三角關係脫身的方法

像前述這樣的情形，就是三角關係的其中一邊崩塌了。

沒有人會刻意在混亂的三角關係中左右游移，因為那終究是白費工夫。不但白費工夫，一旦有了糾葛，還會激化原本的混亂與爭鬥。

具體來說，應該盡速脫身離開。

一旦C離開之後，就會剩下A和B。競爭者因為好戰，無法形成友好的關係。因此，C退出之後，A和B就會互相爭執起來。有爭執，就會邁向崩壞，這是自然的道理。

所以，**你應該盡快退出戰場，在一旁等著看A和B對打就行了。**

如果你能夠做到這一點，就可能不用打仗，坐收漁翁之利了。

富體質在經驗上熟知這個原理，只有你不知道而已。

第4章

「以自我爲中心」的精髓就是，能夠輕鬆成爲有錢人

窮體質會以否定的眼光看待他人

窮體質「以他人爲中心」，一直和他人比較

說得極端一點，比起當一個「以他人為中心」的人，隨時隨地注意別人、在意對方的言行、拿對方和自己相比、與他人競爭，那些為自己而活、「以自我為中心」的人，成為有錢人的成功機率要高得多。

這裡指的「競爭」，並非以暴力方式與人一爭高下。即使只是以負面心態看待別人、在意對方的言行，或是在心中責備對方、責備自己的狀態，也可說是開啟了「戰爭模式」。

只要帶有否定他人的意識，就會讓人產生恐懼。而且，否定他人這件事本身，就已經將對方與自己劃分成「敵我」兩方。

將別人視作敵人，當然就要開戰。在開戰之前就討厭對方，並以負面的眼光看待對方，這樣的行為，其實代表著你早就「認輸」了。

無論你有沒有自覺，其實我們都不斷地在感受著自己的意識與情緒。每個人的感受方式都不一樣，就像是透過顯微鏡看到的微小世界，永遠數不清。

這些數也數不清的自我意識和情緒等的真實感受，是彩繪我們人生的設計圖，也是建構人生的原料。

- 面對他人與周遭環境，都用「敵我」的角度去看待。
- 儘管抱持著開戰的想法，內心卻早就「認輸」了。
- 也因此，極度害怕受到他人傷害。

如果把前述這樣的意識換成「財富」，結果將會如何？

換句話說，將前述意識當成你人生的設計圖與建構人生的原料，當你的人生以前述意識為基礎，你能夠成為有錢人嗎？

事實上，幾乎所有抱持著前述意識的人，只會在想像中或腦海裡，描繪著有錢人生的夢想。

窮體質只會虛耗時間與精力

其實，所有人都害怕受傷，但你是否注意到，自己因為太過害怕受傷，而有過多的反應或過度的防衛呢？

如果你在取得金錢的過程中，曾經遭遇過各種麻煩，讓你因此變得害怕，就會招致更多你所害怕的事情發生。

假設你一直在心中與他人勾心鬥角，展開各種心理戰，那麼事實上，你只是將自己的時間與精力浪費在他人身上，根本無力為自己做什麼有用的事。

換作是財富的話，光是這一點，就會造成相當大的損失。

你或許覺得「我只要集中精神，注意對方的動靜，抓住先機制勝，就可以得利。」

確實，這麼做可以讓你獲得眼前的利益，這個社會也可說是在這樣的意識結構下建立的。但如果這正是「最大的迷思」，你將如何選擇？

容我舉個簡單的例子說明，或許會比較好理解。假設你正朝著某個目的地往前走，而且只要踏上前往目的地的道路，就能夠達成目標。

在過程中，當你遇到人群，你只要穿過人群往前走即可。如果有人在你前面，擋住你的去路，只要你開口說：「不好意思，我急著趕路」，對方就會讓開，讓你前進。

當你撞到別人，只要說聲「對不起」，就能夠讓你避免一場複雜的心理戰，最後順利抵達目的地。

頑固的言行模式，左右著你的人生

「以他人為中心」的人會有一種迷思，認為要在道路上往前進時，「一定要取得別人的許可。」

他們會一一詢問身邊的人：「我想要走這條路，可以嗎？」像這樣尋求別人的認可。

換句話說，**迫切需要別人了解自己、同意自己做法的人，每走一步，都要徵得他人同意。**

當事情不如己意，有些人就會歸咎他人，認為「都是因為別人不了解我、不接受我，我才會失敗。」

不僅如此，那些較具攻擊性的人，通常會對別人展現出「閃開，別擋路！」的態度。但其實這是因為他們的內心深處堅信「每個人都是來擋我的路」，所以每走一步路，就要情緒激昂地斥責別人，向所有人宣示「老子要過，給老子閃開！」

這麼一來，當然很容易滋生事端，有時還可能與對方打架，引來警方關切。最後不是延遲抵達目的地的時間，就是直接放棄，不再前進。

聽完這個「邁步向前」的小故事之後，或許有人會想：「我才沒有那麼笨！」，但事實並非如此。

大多數的人恐怕都沒有發現，我們在面對每件事情的時候，都有自己獨特的言行模式。在後面的段落中，我會再詳加介紹，而這樣的言行模式，是由我們內心深處的意識所產生的。這些基礎意識建構在每個人過去的生活體驗，所以非常牢固。因為是透過實際體驗得到的堅強信念，所以不是馬上就能夠改變的東西。這些經驗的累積，最終就會形成窮體質或富體質。

當然，與金錢有關的事物，也以同樣的模式運作著。**你在每個時間點做出選擇、付諸行動時，也會依照自己習慣的模式做決定**。這也意味著，你能夠賺多少錢、你會失去多少錢，早在一開始就決定好了。

但是，與其說是決定好的事，倒不如說是你自己決定讓事情變成這個樣子的比較貼切，只是你沒有察覺到罷了。

換言之，**如果現在的你「賺不到錢」，那就代表你的言行模式讓你賺不到錢**。如果你沒有發現自己的言行模式不利於賺錢，卻在這種情況下砸錢投資，別說是賺錢了，根本就是肉包子打狗，有去無回。

窮體質會連未來也一併虧掉

負面思考帶來麻煩

更糟的不止於此，對一個人來說，無論是以負面的眼光面對他人與周遭，或是處於大小煩惱不斷的狀態，都會造成未來的損失，這才是更重要的事。

舉例來說，假設有位女性正在考慮要不要辭職，工作繁重和主管嚴厲是她想要辭職的主要原因。為了工作方針，她已經和主管衝突過好幾次。

她現在已經決定要辭職了，只是在煩惱「要在什麼時候辭職」。

雖然她很想要現在就提出辭呈，但若是三個月之後再辭，不但可以有整整一個月的特休假，退職金也會不一樣。

考慮得失之後，她決定「不差這三個月，再拚一陣子吧。」

不過，就算三個月之後再辭，公司能否真的給她一個月的特休假，實際上還是個疑問。她的工作環境，平時就是個非常忙碌、不假辭色的職場環境。

就制度規定來看，即使有一個月的特休假可請，但若要開口請假一個月，還真的讓人有點猶疑。就算提出來了，主管會不會爽快答應，也是個問題。

如果公司同意她三個月之後離職，她必須在同事們忙得不可開交的狀態下，受到眾人冷眼相待，如坐針氈地度過這段期間。此外，她也很害怕行事嚴厲的主管會說出什麼話來中傷她。但是，如果能夠忍受旁人的目光，就能夠拿到比較多的退職金。

即使認為「我還有特休，若不把它用完就虧大了」，她也不敢向主管開口，而且「提出辭呈就不能休特休假」，也是職場上的潛規則，所以她才會為此苦惱。

「一旦我提出來了，和同事的關係就會變糟，我也會有罪惡感。老實說，我很懷疑自己能不能撐過那三個月。」

不好的意識，會影響你的言行

我常在講座中說：「任何事情都能夠訓練。只要經過三個月的訓練，就能夠養成習慣。」

我所謂的「訓練」，包括每天一直重複的日常生活小事。比方說，住家附近的鄰里巷弄間，時常可以看到在戶外抽菸的男性。我猜他應該是被家人禁止在室內抽菸，才會到外面來。有些男性在抽菸時，發現有別人在看他，會把臉撇到一邊，或是把身體轉到另一側去。

其實，想在哪裡抽菸，應該是個人自由才對，但是討厭香菸的人，也很想把香菸隔絕在這個世界之外。

現在的癮君子覺得抽菸是件丟臉的事，必須躲躲藏藏地抽菸，但是在過去，抽菸是展現男子氣概最好的方法。如果就「意識影響一個人的言行」這個觀點來說，抽菸者在過去與現在的意識產生了極大的差異。

這種抽菸方式，其實也是訓練來的。若你不自覺地抱持著「丟臉」的想法，躲躲藏藏地持續抽了三個月的菸，那麼「抽菸很丟臉」的意識就會深植於心。

即使是抽菸這種小小的行為，**只要每天持續累積，就是一種訓練。**不要說是三個月，每天累積訓練的結果，就會養成頑固的意識。到最後，無論是在任何場合，我們都可能在不知不覺中覺得「自己很丟臉」，感到不自在。

有錢人會選擇能讓內心解放的路

讓我們再回到之前提過的辭職案例，如果我們把這種意識訓練也算在利益得失上，結果將會如何？

如果就眼前的得失做決定，當事者只要忍耐三個月，就能夠領到較多的錢，也可能請到較長的特休假。不過，相對地，她也要忍受如坐針氈的感覺，而且務實來說，她也可能因為特休假而與主管發生爭執。

如果持續在這樣的環境下忍耐三個月，會讓她訓練出什麼習慣呢？

假設當事者忍過三個月，

- 首先，她會和過去一樣，只看到「眼前的小利」，未來遇到需要抉擇的時候，最後一定也會選擇「眼前的小利」。

不過，在此情形下，也會有新的收穫，比方說：

- （選擇「眼前的小利」之後）明白克服困難有多辛苦，並將這個歷經艱難的體驗融入自己的處事模式中。

另一方面，她也可能無法忍受旁人的眼光，

- 進而產生罪惡感。

當你度過「眼前的小利」、「歷經艱難」、「罪惡感」等一連串的過

程，並且養成習慣，你以後一定會選擇「有所失」的人生。

持續在負面環境下忍耐三個月，你的內心會受到相對的影響。不僅如此，不斷重複這樣的訓練，只會為你的人生增加一項負面的言行模式。

老實說，人生中根本不需要「歷經艱難」與「罪惡感」。各位不妨回頭想想，當你處在相同情境時，你做了什麼樣的選擇？

- 在自己不喜歡的環境中，即使帶著負面情緒與罪惡感，依然選擇「眼前的小利」。
- 比起忍耐、選擇「眼前的小利」，你總是選擇能「讓自己感到自在」的選項。
- 到目前為止，從未受到自己的心情影響，二話不說，立刻計算得失。

唯有明白自己如何感受每件事，才能真正清楚自己對財富的認知到了什麼程度。

罪惡感支配你的一生

只在意眼前的得失，會造成日後的損失

以前面這個例子而言，或許有些人會認為，只要順利離職，即使特休假被收回，也沒關係。

有些人也會為了完成工作交接或順利離職，與公司好好溝通離職時間，討論出一個彼此都能接受的日期。

大部分的人在這種時候，都會在腦中思考：「對我來說，哪種選擇比較好？怎麼做比較有利？」

但其實，這件事並不是「選擇 A 就會賺，選擇 B 就會賠」這麼

簡單。若從你的人生角度來看，比起那些得失，更重要的是，在你做決定的時候，是用什麼樣的心情決定的？

你當下的意識，不僅是反應當下的情況，你感受當下意識的方法，也會成為創造未來的設計圖與創造未來的原料。

一件事只要持續三個月，無論是正向的意識或負面的意識，都會產生極大的影響力。

比起正向情緒上的感受方式，人們在負面情緒上的感受方式更為強烈，而且之後還會留在心裡。

在所有情感中，尤以「罪惡感」的影響程度最為強烈，甚至會支配你的人生。

我在前文提過好幾次，罪惡感就是有罪的意識，當你帶著有罪的意識面對自己，就會忍不住懲罰自己。這一點在金錢方面，也是一樣的。

倘若你心中有強烈的罪惡感，在潛意識裡，獲取財富也會讓你有罪惡感。對那些內心擁有強烈罪惡感的人來說，獲取財富是一種「罪」，所以他們不會成為有錢人。

無須累積憤怒與恐懼

容我舉個例子說明，如果你只看眼前的得失，在自己不期望的工作環境中忍辱負重，可能會發生什麼情況呢？

如果在這種情況下與同事發生摩擦，通常會導致互相傷害的結果。當你對對方燃起怒火，你會「實際感受到」憤怒的情緒。倘若不小心做出超乎預期的行為、過度傷害對方，你還會「實際感受到」罪惡感。只要想到對方可能挾怨報復，就會提高警戒，變得又恐懼又膽怯。

無論你是否意識到，那些憤怒、恐懼和罪惡感都是會累積的。只要身為人，都無法避免憤怒、恐懼或罪惡感等情緒反應。

而對這些情緒的「實際感受」，就是你未來人生的種子。在這些種子裡頭，已經塞滿了窮體質的元素。

或許，有不少人會這麼想：「在我的印象裡，那些神經大條到搞不清楚狀況的人，還有覺得傷害別人也沒關係的人，都是能夠賺到很多錢、能夠存下很多錢的人。與其一直抱有罪惡感，不如當一個就算傷害他人自己也沒有感覺的人。」

這樣的想法本身就是錯誤的。首先，對賺取財富這件事愈沒有罪惡感，確實愈能夠賺到錢。不過，我要質疑的是罪惡感本身。我十分懷疑大部分的人感受到的罪惡感究竟恰不恰當。

你感受到的罪惡感，究竟是身為人而有的「良心的譴責」？還是根本就沒必要存在的罪惡感？或是對你而言根本不適當的罪惡感？無法理解這些不同的人，就會拿「無用的罪惡感」來懲罰自己。

就這點而言，**不必要的罪惡感愈少，是成為有錢人非常重要的**要素。

窮體質總是做損己的事

就算你從自己的觀點來看，認為對方搞不清楚狀況，但事實上很可能是你的錯誤認知讓你這麼想。有時即使是正常的做法，看在罪惡感強烈的人眼裡，卻變成白目的行為。

人通常都有一種要配合別人、配合社會的心理，若這樣的心理成為自己的普遍常識或罪惡感來源，就會影響自己的判斷。即使富體質者做了一件公平的事，你可能也會認為對方亂搞。

再者，我在第 2 章提過，財富的分配比例，也是我質疑的重點。追根究柢，現今的社會結構原本就難以產出有錢人，窮體質者會自動融入這樣的結構裡。

社會上窮體質三惡的人愈多，位於天秤兩邊的有錢人和窮人，就會出現幾近垂直、嚴重失衡的傾斜。窮體質者會運用窮體質三惡，做出讓自己受損的事情。這樣的行為，無異於將自己原本可以正當取得的金錢，拱手獻給別人。

實在有必要讓他們自己察覺，使財富分配變成極度不平衡的人，就是他們自己。而且，在了解這樣的社會結構之後，更不能將貧富不均的現況視為理所當然。

窮體質很容易一直增加罪惡感

罪惡感強烈的人，即使有自己想買的東西，也會在心裡想著「我不能夠太奢侈」、「不能只有我獨得這個東西」等，自己先踩了煞車。

但是，愈是自我抗拒，愈可能引發「想要得到」的欲望。當欲望達到頂峰，就會無法忍受，發生衝動購物的行為。

最後就算買了，罪惡感強烈的人可能也不會覺得「哇，真是太好了！終於買到自己想要的東西了，好幸福喔。耶！」

反而可能會感到後悔，責怪自己：「唉，怎麼會隨便亂花錢買東西呢？真浪費！」，或是覺得「大家都好好地過日子，怎麼我總是這個樣子。唉……」

他們會對自己感到失望，罪惡感甚至更重了。**如果長期處於悔恨與罪惡感的輪迴裡，別說是存錢了，只會讓金錢迅速消失。**

同樣地，罪惡感強烈的窮體質者，也不容易接受輕鬆、幸福的事。當賺錢變得容易時，他們很容易產生這樣的疑問：

「這麼輕鬆就得到手了，這樣好嗎？」他們會因此感到不安、有罪惡感。

「不該這麼容易就賺到錢。」他們會把自己當成有罪之人。

有時，有些人還會感到不對勁，開始猜疑，覺得：「這麼輕鬆就賺到錢，真是太奇怪了。一定有鬼！」

罪惡感強烈的窮體質者深信：「要賺錢，就要付出辛勞，一定要忍受辛苦艱難才行。」

也因此，他們認為，唯有付出辛勞、克服困難，才能合理地感受到「啊，經過一番努力之後，終於到手了！終於，我終於幸福了」的小小喜悅。

所以才說，窮體質的人無法容許自己在輕鬆又快樂的情況下賺取金錢。

「金錢不淨」，你也有這樣的想法嗎？

你是否不自覺否定金錢？

覺得金錢不乾淨的想法，如今依然存在這個世界上。「清貧」這個詞彙，就是依附在這樣的想法中產生的吧！

若是將金錢視為不乾淨的東西，那麼在談到金錢的話題時，就會覺得「可恥、卑劣、膚淺、醜陋」。

若將重心放在精神上的滿足，日常奉行樸素簡約的作風，為生活中的謹慎行事感到滿足、充實、踏實、幸福，我也無話可說。

不可否認，過著高品質的生活，自然可以減少執著之心，也能夠降低對金錢的追求。

但如果你一開始就堅信「清貧的生活，才是身為人類的幸福。老是執著在金錢上，是件令人感到可恥的事」，你的人生將會如何？

或者，你內心其實是想成為有錢人的，你也想每天遊山玩水，過著奢侈的生活。偏偏你又認為「自己想要變得有錢、過好生活，是因為內心感到自卑」，這樣的想法會對你的人生帶來什麼影響？

這樣的你，只要興起追求金錢的念頭，就會先輕蔑自己。倘若你用那種輕蔑的眼神看待自己，在面對有錢人和靠著非勞動所得生活的人時，你也會把他們當作笨蛋，嘲笑他們。儘管如此，你的內心深處可能還是會產生羨慕、憧憬、嫉妒的情緒，有時或許還會有憎恨之心。

如今，圍繞著各種特權利益衍生出的巨額賄賂醜聞，和官員的收賄事件不斷曝光，更讓人堅定了仇富的立場。人們在面對金錢時，更難大方說出「我最愛錢」的心聲，每個人都在不知不覺中，懷抱著複雜的心思。

不過，對於想要成為有錢人的人來說，這是大忌。如果你像前述那樣，**對金錢愈是抱持著複雜的想法或負面的意識，想要賺錢，就會變得愈加困難**。就算你有機會得到一大筆財富，也會在潛意識中、在你達到最好的安頓狀態之前，做出散盡財富的計畫並付諸實行。

「清貧」不該受到美化

從現在開始，讓我們打從心裡改變看待金錢的想法吧！

大多數人的生活水準並未達到平均標準。直白地說，你現在期望得到的金錢，不過是個「非常平均」的金額罷了。

如果把全日本的財富加總起來，再平均分給每個人，我可以說，比起現在的生活，你在勞力付出上會更輕鬆，並且獲取更多金錢。

如果你期望獲得的金錢與你實際上得到的金額相差甚遠，這個差距代表著你否定自己的程度。不僅如此，個別的差距也拉大了社會階級的貧富差距。

無論你是否意識到，「金錢不淨」的想法就是「罪惡感」。各位不妨趁著這個機會，徹底拋開「清貧是美德」的想法。

如果你生活清貧，打從心裡感到滿足，那麼清貧的生活確實能夠讓你幸福。但是，清貧不能無限上綱。

就算你喜歡樸素、簡單的生活，也沒必要過得窮困。如果有錢，也可以捐贈出去，不是嗎？用金錢幫助別人，也是可行的辦法，只要將賺到的錢回饋給社會即可。

話說回來，姑且不論清貧是否清高，光是減少內心的糾葛、矛盾，降低罪惡感，財富就能滾滾而來，即使你未曾預料到，也能夠變成有錢人。**一個人的意識狀態與自身的經濟狀況呈正比。**

看到這裡，如果你反問我：「你的意思是，窮人都是壞人嗎？」這也是沒有意義的事情。

不論心地是否善良，相信「心美之人清貧一生」、「善良總是吃虧」這類說法的人，是你自己。正因為你相信這些話，所以你會是現在這個樣子。

凡事用盡心機，只會錯失財富

「善良總是吃虧」這句話，真是牽強附會，那是你給自己的藉口。

假設善良的你，借了一大筆錢給朋友，但是對方並沒有還你錢，你或許會感到生氣，認為「欠債還錢，是理所當然的道理。」

那麼，你在生氣的同時，是怎麼行動的呢？不去催促對方還錢，就只是忍耐而已嗎？有些人無法開口催促別人還錢，只能安慰自己「就當是掉了一筆錢，算了吧。」

也許，你很想責備對方不誠實，但無法催促他人還錢的人是誰？就是你。

我們把時間稍微往前回推一點，當初朋友要求你借錢時，你是怎麼想的呢？是打從心底想借錢給他？還是有點不願意呢？

你可能覺得為難，但內心又有其他的想法，比方說：

「他是我的朋友，我無法拒絕。」

「他手上握有我的把柄，不得不借給他。」

「以後還要來往，非借不可。」

「將來或許還有仰賴他的地方，還是借給他比較好。」

你是否覺得，如果不伸手援助有難之人就是壞人，或是因為怕有罪惡感，所以才會借錢給朋友？

或者，你是因為這些原因——

「這個朋友人面很廣，今天幫他一點忙，說不定以後會有不少好處。」

「說不定我可以利用他的人脈與地位賺大錢。」

早在心中做了許多算計，才把錢借給他的呢？

如果你一開始就打好如意算盤，才決定把錢借給朋友，縱使借錢給他未來能夠得到好處，也會發展成前一章提過的「鬧事後再補救」的情況。這樣的致富之道不但辛苦，也過於驚險。

富體質懂得採取適當行動，所以總是得利

就剛剛提到的例子，我們可以說，並非好人就會吃虧。借錢給別人的人是你，無法討回來的人也是你。若你遇到這種情況時，能夠「以自我為中心」發想，首先你就要問自己：「是不是真的想借？」

如果你不想借，就要乾脆拒絕。如果你想借，就要問自己：「可以借多少錢給別人？」此時，也要考慮「你是否敢開口討債」的問題。

你可以在自己的能力範圍內，直接把錢給對方。就算不借錢，你也能用別的方法幫助朋友。無論是哪種決定，無論你怎麼選擇，你的行為都是帶著誠意與善意的。

你對朋友不是同情，而是「愛」。因為你知道自己不會後悔，所以能夠毫無顧慮地在自己能力範圍內，在自己的善意範圍內提供協助。

而且，這樣的做法也保護了你自己，所以完全不需要提高警覺、看到朋友就躲，在做任何事情之前，也無須用盡心機、爾虞我詐。

這樣的善人懂得採取適當行動，得利的機率絕對比吃虧要來得高出許多。

罪惡感無法生財

無論再怎麼強調「不需要有罪惡感」，還是有大半的人無法接受。尤其是當你認為必須有罪惡感做為道德約束的關卡，或者你堅信「人會做出凶惡的事情來」，你就會更加堅定「人必須有罪惡感」的立場。

在這裡，我所謂的「罪惡感是沒必要的」，並非「做什麼事情都無妨，如何傷害他人也無所謂，犯罪也無妨。」

「罪惡感」和來自人性的「良心的譴責」，完全是兩碼子事。因為「罪惡感」並不會伴隨著「責任」，那裡面只有自我否定的心情而已。「良心的譴責」則是伴隨著「責任」，那裡面有著以愛為基礎的感謝之情，以及對自我和他人的慈悲與關懷。

假設這次換成你跟朋友借錢，此時的你，想必帶著悲慘的情緒、卑屈的心情，以及罪惡感吧！若你是在卑屈的心情下帶著罪惡感，想必也會以低人一等的態度跟朋友互動。

不過，在朋友眼裡，你那樣的態度絕對不會討喜的。就算對方同情你、借錢給你，也會認為「你不會還這筆錢」。那麼，這筆錢很可能會成為你們「恩斷義絕」的原因。

你的罪惡感愈是強烈，愈是可能無法還錢。就算你想還錢，也會因為「罪惡感無法生財」的緣故而還不了。此外，就算有一點收入，可以多少還一點給朋友，也會因為你害怕失去金錢而不願還錢，最後成為不負責任的人。

負責任的意識才會生財

向別人借錢總是讓人覺得丟臉、會有罪惡感，與其畏畏縮縮，不如深深地一鞠躬說：「謝謝你借錢給我，真是太感謝了！」，表現出滿滿的感謝之情。

「謝謝你幫助我，讓我順利過關，我真的是打從心底感謝你。」當你像這樣，把感謝的話掛在嘴邊，你也對未來充滿希望，不是嗎？

那個希望，就是為了回報對方的恩情，促使你盡早還錢的決心。

當你運用那筆一時需要周轉借來的錢時，會帶著感恩的心情。正因為帶有感謝之情，你會盡量努力早點還錢，那就是「感謝之心的表現」，也就是「負責」。

罪惡感卻是帶著「抱歉，對不起！我是個愚蠢的人」這種卑屈的心情和懲罰自己的情緒，沒有任何感謝之情。「罪惡感」與「良心的譴責」的差別就在這裡。

所以，當你需要向他人借錢時，與其帶著罪惡感，開口說「抱歉」，倒不如在心中抱著感謝之情，說聲「謝謝」。這樣的話，你的心情也會變得比較開朗。

有些人借錢時，總是擺出搶錢般的氣勢，把錢借（拿）到手之後，還一副不以為意的樣子說：「我完全不認為向別人拿錢有什麼好丟臉的，我完全沒有罪惡感，伸手拿錢就像喝水一樣稀鬆平常。」

但事實上，「搶錢」般的行為本身，早就讓人產生罪惡感，就算本人沒有自覺也是一樣。

借（拿）錢時不帶有罪惡感，就能做到打從心底鞠躬道謝。但是，一開始就擺明硬要借到錢的人，是做不到這件事的。無論他們如何主張自己「完全不在意」，但他們說的話，早就表現出內心的不安。

反過來說，若是心中帶著罪惡感，為了減少這股罪惡感，可以打從心底表達感謝，向對方鞠躬道謝。有了感謝之心，人就會想要盡早還錢，就算只是五％、一％，也會負起應有的責任。這種負責任的意識，才會帶來財富。再說，這也是自尊心和自負心的表現。

罪惡感裡沒有自尊心與自負心；相反地，罪惡感愈強，自我評價就愈低，罪惡感裡只有自我毀滅的意識。

「良心的譴責」裡有愛與感謝，有對自我和他人的慈悲與關懷，還有負責任等具有建設性的堅強特質。

這就是自愛萃取出來的良心，以及將自己視為罪人的罪惡感之間的差別。**它們各自占有的比例多寡，將決定你的收入多寡。**

第5章

會不會成爲有錢人，你自己已經決定了

眞正的有錢人不會以戰勝爲目標

窮體質會親自送走財富，終生勞苦

窮體質者因為窮體質三惡的緣故，會做損己的事情，就算是正正當當得到的金錢，也可能會自己親手把錢送走。想要扭轉結局，他們必須察覺自己就是將財富分配推向極度不均的窮體質者之一。

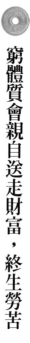

他們必須體認到，社會結構本身就是建立在「無法讓每個人都富足」的基礎上，而且不能將現況視為理所當然。

我這麼說，並不是要讓他們遷怒社會，也不是要他們點燃戰火。相反地，即使選擇了這種做法，也不會讓自己的狀況變好。因為所謂的「戰鬥」，是一種「現在我手上什麼都沒有」的意識，一個認定自己什麼都沒有的人，如何變得「富有」？

了解社會結構與現實，和否定社會結構與現實並起而對抗，是完全不同的兩碼子事。**若你真的想要成為有錢人，絕對不能開戰。**

容我舉個例子說明了解社會結構是怎麼一回事。如果你住在叢林裡，就要自覺到自己正住在叢林中，必須小心生活才行。

叢林裡棲息著各式各樣的生物，有猛獸、毒蛇、昆蟲等。河中和沼澤裡有肉食性動物，也生長著有毒植物。假設此時，你必須獨自從 A 地前往 B 地，你勢必得面對這些危險，當然要懂得避開危險，才能夠順利往前進。

你絕對不會對路上遇見的每個動植物怒斥：「為什麼你會在這裡？你這樣讓我很害怕，我無法前進。」

路途艱險，你再怎麼抱怨：「這裡為什麼會有懸崖？這裡為什麼會有溼地？」，都無濟於事。與其如此，倒不如好好了解地形，想想安全通過的辦法。

如果你想要自行開闢安全的道路，就要明白這件事可能需要花費好幾天的時間，然後才開始動手。只夢想著變有錢，卻無法實現的人們，都希望別人幫自己解決棘手問題，而不是靠自己。

明明開闢道路得花好幾天的時間，卻在心裡面要求：「我現在就想走一條安全的路，即使今天不行，明天也可以。」

因為心裡面只想著要馬上通過，所以完全無法理解，無論是開闢安全的道路，或是在河川上架橋，都需要時間。

其實大家都知道做一件事情需要時間，這是理所當然的道理。但有些人滿腦子都是「我現在就想成為有錢人，即使今天不行，明天也可以」的想法，倘若無法如意，也只會焦慮，不會採取任何有效益的行動。

這樣的人，就算嘴上說著「想要成為有錢人」，也會因為深陷在窮體質三惡中，在意識深處相信「我根本不可能成為有錢人」，最後不可能變得富有。

「戰勝」的有錢人，都有這些特質

與其把目標放在戰勝，倒不如好好思考，如何為了自己而活，以及保護自己、讓自己安全的辦法。這麼一來，才能夠大幅提高成為有錢人的機率。

怎麼做，才能如願以償？若你能夠抱持著「為了變成有錢人，別人怎樣都不關我的事。就算他們受傷了，我也不在意。搶別人的東西哪裡不好了？東西會被人搶走的，才是笨蛋」的想法，成為有錢人的目標，就有實現的可能。

或許，有些人並不認同這種思維，但潛意識是不會判斷「善惡」的，它只會依循自己的想法。**自己的想法愈強烈，愈能成為「實現夢想」的原動力。**

有鑑於此，那些認為「傷害別人也無妨」、「搶過來也沒關係」的人，最後如願成為有錢人也很理所當然。尤有甚者，愈是執著於獲得財富、土地與財產的人，他們愈能專注在這些事物上，自然比一般人更容易成為有錢人。

不過，只是嚷嚷「既然如此，那我也要這麼做」而模仿跟進的一般人，是不可能這麼容易如願的。因為要一般人徹底成為「傷害別人也無妨、搶過來也沒關係」的人，難度太高了。

如果世上幾乎所有人都只想著戰勝對方，打來打去、互相傷害，最後只會變成兩敗俱傷的結局。為什麼會這樣？因為無論是好是壞，我們都還是有情緒與良心的。

人性無法換成財富

當情緒朝正向發展，就會產生愛。捨棄情緒反應，等同捨棄人性。情緒可說是人類本質，雖說捨棄情緒不是不可能，但若非特殊情況，是辦不到的。如果你是普通人，縱使你再怎麼覺得「傷害別人也無妨、搶奪過來也無妨」，還是無法捨棄人性，變成無情又殘酷的人。

當你為了成為有錢人，不斷地思考「我一定要戰勝別人，我一定要擊退別人、搶奪別人的東西」，卻仍無法真的變得有錢，那代表你現在只值這樣的收入。

但是，如果你能夠靠著這麼想，逐漸累積財富，相信遲早有一天，你會變成有錢人。不過，再怎麼相互競爭、再怎麼先下手為強，我幾乎可以斷言，對於無法捨棄人性的人來說，「贏了就能夠成為有錢人」，或是「實現自己的願望」種種想法，根本都是幻想。

就算你自己沒有察覺，我們依然保有良心；這個良心，就是我們身為人類的本質。這個良心，會在我們不當獲取金錢時，大喊「等一下！」，為我們帶來大量沒必要的罪惡感。

對於有良心和罪惡感強烈的人來說，不管再怎麼努力，也無法拋棄良心和罪惡感。姑且不論罪惡感，人的良心會變成愛。愛會帶來滿足、充實感、幸福感，以及歡喜。

即便只是一瞬間，只要曾經感受過愛的人，是無法拿人性去交換金錢的。而且，罪惡感強烈的人，也無法允許自己這樣獲得金錢。

不管怎麼說，想以「不擇手段」的方式變成有錢人的難度，絕對比培養富體質、讓金錢自然入袋高出許多。因為一開始就比登天還難，大多數的人無法成為有錢人，也是有道理的。

深受窮體質＝惡毒害的人，逐漸墜落社會底層

就算再怎麼想要變成有錢人，若沒有使用正確的方法，踏實地走在成為有錢人的道路上，不管多麼渴望變得富有，過了五年、十年都無法實現的人，到了未來，也不會成為有錢人。

我們每個人在潛意識中，都會重複同樣的言行模式。如果你現在

不是有錢人，以後也將會是這個樣子。不過，當然也有人是一次逆轉勝，變得富有的。

但嚴格來說，這稱不上是「富體質」，可以「順利、持續、輕鬆」讓金錢入袋的有錢人，才是富體質。

就這層意義來說，一次逆轉勝、一攫千金這種「非零即百」的極端生活方式，也很有可能讓金錢在瞬間消失。

我提過，潛意識不會判斷善惡，這個世界上的所有事物，也有一定的平衡。若某件事建立在偏頗、危險的失衡狀態上，當天秤的兩邊失衡到了極限，最後必定崩壞。

例如，為了眼前的利益，大肆開發、破壞自然生態；明知自己的產品危害健康，卻仍高調販售；或是將管理鬆散的問題推給員工等做法，就算一開始過關，但不久之後，一定會自取滅亡。

就像為了眼前利益，讓母雞生下大量的蛋，用不自然的方式，在惡劣環境下飼養雞隻的結果，就是雞隻染上傳染病、全數死亡，最後人類再也吃不到雞蛋。

同樣地，在現代社會中，深受窮體質三惡荼毒的人逐漸墜落社會底層，或許遲早有一天，我們也會面臨「吃不到雞蛋」的窘境。

你是否察覺到潛意識的報復行爲？

不管在哪裡、和誰在一起、做什麼事，我們每個人都會依循自己固有的信念和一貫的言行模式，做出各種判斷，採取行動。

「信念」並不一定公平或正確，而且不管適不適當，每個人都堅持自己的信念。比方說，倘若你深信自己最後一定會失敗，你就會操縱著自己往終將失敗的方向前進，最後達到自己相信的結果。

像這種情況，在家庭、公司或在社會上，都是一樣的。無論是小問題、大問題，你都會重複著同樣的模式。

如果你在過去的家庭環境或親子關係中遇到問題，你在職場上，也會因為相似的問題而苦惱。當一家公司的老闆創業失敗，可以歸因於他將自己在原生家庭中學到的模式，套用在公司經營上，才會造成這樣的結果。

說得極端一點，就連左右國民生活的國政，也不例外。當一位非常有影響力的人在做決策時，真正的動機與理由，其實就在他自己身上，你難道不覺得這是一件非常恐怖的事嗎？

比方說，他可能在自己的親子關係裡，與父母產生心結。如果那個心結轉化為憤怒、憎恨、報復心，他就會將這些負面情緒宣洩在別人身上。無法好好面對父母的人，會把自己的情緒投射在無辜的人身上，包括：

- 在職場上表現情緒化，總是怒斥部屬。
- 在職場上，對後輩抱怨各種瑣碎的小事。
- 部屬也開始出現反抗的態度。
- 彼此失去理智，引發爭執。
- 在背後抱怨，愈說愈起勁。

相信大家都做過這樣的事，其實這是潛意識做出的報復行為。

不過，這畢竟是潛意識中的行為，倘若當事者毫無自覺，也無法改變。如果帶有這種意識的人，成為團體裡的重要人物，即使他們認為，自己是為了對方、為了公司、為了他人、為了國民努力，也絕對不會有正向且具建設性的結果。

你是否受到過去累積的情緒所驅動？

為什麼我們都會依循著某種模式行動，最後發展出制式的結果？因為我們都是以自己的情緒為基準，採取行動。

這裡所謂的「情緒」，既是「當下」的情緒，也是在親子關係中曾經體驗到的「過去」的情緒。

如果你在職場上對同事發脾氣，或許那不只是針對同事而已，很可能你曾經經歷過類似的情景，但你把同事當成過去的那個人，因而大動肝火。

潛意識決定了你的人生

你的人生如何演變？**就潛意識的觀點而言，其實我們早就寫好自己的人生劇本。**

但這不是說，我們的命運早已決定，而是我們會在不知不覺中，拿過去感受過的強烈情緒或決心，塑造出自己人生的雛形。

容我舉個例子說明。假設某公司內部發生派系鬥爭，A派與B派都有五成的機會成為主流。這兩派各自發起「研究會」，A派的代表是A先生。

當公司要進行表決，決定由哪一派勝出時，A先生為了團結組織，要求派系內所有成員共同簽署一份聯合聲明書。裡面寫到違反派系決議的成員必須接受懲罰，彷彿回到封建社會一樣，令人覺得匪夷所思。果然，那份文件引來各方的噓聲，暴露出A派的不堪一擊。

然而，再怎麼想，提出這樣的文件，都不像是深具邏輯性的A先生會想出的方法。冷靜的A先生只要稍微思考，就能夠預測到提出這樣的文件，很可能引來他人訕笑。為什麼他會做出這樣的事，而且還以自己的名義提出？

A先生的頭銜的確是代表，但在他的背後，還有一位大老，真正的實權掌握在那位大老手上。因為A先生敬畏那位大老，無法忤逆他，所以才會有這樣的結果。

頑強的言行模式，會不斷地在你的人生出現

讓你印象深刻的體驗，很容易變成你的迷思

我們自小從家庭環境和親子關係中，經歷了各種情緒，培養出固定的言行模式。**讓你印象深刻的體驗，很容易變成你的迷思。**

假設有個人，從小他的父親總是擺出一副臭臉，只要有什麼事情看不順眼，馬上就會發脾氣，突然變得很情緒化、破口大罵，所以他必須時常小心留意，保持警戒。

在他年幼的心靈裡，父親是一個很可怕的人，為了保護自己，他學會乖乖聽爸爸的話，隱藏自己的想法。

假使這個對付父親的方法屢屢奏效，那麼這個方法，就會成為他情感層面與經驗層面的體驗，在潛意識中化為模式。

之後，這個方法會在他的心中，化為頑強的言行模式，逐漸穩固下來。即使成年以後，這個模式也會不斷地重複。

前一節提到的 A 代表，就是這個模式的範例。如果他在生長的家庭環境中，雙親與他相處時，會接納他的意見、傾聽他說的話、尊重他的意志，那麼不管他面對多麼可怕的對手，都可以用不激怒對方的方法，適切地主張自己的想法。

不過，他過去的成長經驗，並非如此。一直以來，當他面對又強又可怕的對手時只有兩種反應，一是不敢說出自己的想法，二是乖乖聽話才能明哲保身，這成為他人生中致命的言行模式。他是因為恐懼，才會唯唯諾諾地順從大老。在他的眼裡，那位大老彷彿自己的父親一樣。

有時只要跨出一步，就能徹底翻轉人生

為什麼我說A代表「面對又強又可怕的對手時，乖乖聽話才能明哲保身」的言行模式具致命性？因為這種言行模式，會讓人主動「放棄領導地位」。

為何如此？這就是意識非常不可思議之處。

「乖乖服從可怕對手」的行為，代表你認為對方的地位超越自己。也就是說，「在自己之上，肯定會有可怕的對手存在。」

「服從」這個意識本身，就是以「某個人在自己之上」為前提。在前述這個案例中，那是一位會令A代表想起父親的可怕對象。

這就是潛意識的神奇之處，如果你遇到一個會讓你聯想到父親的可怕對手，並且受他操控，就算你想要避開，也會在無意識之間感到恐懼，害怕那位恐怖的對手。

然而，就像「霸凌者總是一眼就認出誰好欺負」，你展露出的「害怕」態度與舉動，早就吸引了恐怖對手的注意。於是，對方就會「特別照顧」你，你也會因為害怕而不敢反抗，與對方結下孽緣。然後，事情就會按照你身上已經根深蒂固的模式進行，你終究無法忤逆可怕的對手，只能服從，讓自己陷入「被支配、服從」的狀態裡。

A代表提出聲明書，為他帶來淒慘的結局。由於受到派系成員反對，不得不辭去代表一職。

即使如此，A先生依舊不認為，是因為他無法向大老提出主張，才會導致這樣的結果。話說回來，就算他察覺到問題出在當時沒有說出自己的想法，仍然可能因為恐懼，無法提出主張。

不過，假使他能在察覺後主張自己的意見，光是這次的經驗，也一定會大大改變他的人生方向。因為在那一瞬間，他擁有了站上領導地位的格局，那是非常重要的轉捩點。因為那麼做，會讓他開始獲得人望，支持他的人也會想要拱他上位。

不能欺騙自己的情感

還有一點，就算A先生接下來的人生，一直都處於老二的地位，那也算是達成他自己的「願望」，不能算是壞事。

原因很簡單，因為在他的潛意識裡，一直有個「永遠無法成為第一而讓父親失望」的橋段。他的父親曾經期許兒子，能夠「成為第一」。

默默聽從父母的話，使得孩子成為實現父母願望的工具。如果孩子順應父親的期望成為第一，結果將會如何？孩子會真心感到開心嗎？還是說，他會陷入下列這種複雜的情緒裡？

「為了讓父親刮目相看，我想成為第一。不過，如果成為第一，父親的願望就實現了，我才不要！」

無論表面上多聽可怕對手的話，孩子都無法真心接受。他們蒙蔽不了自己的情感，在他們心中，對雙親的憤怒、憎恨、失望等負面情緒如漩渦般，糾纏在一起。

如果真是如此，「不要實現父母的願望」、「讓他們失望」，就會是對父母最快的報復。

這麼一來，他們就能夠從家長期待的沉重負擔——「拿到第一」——中解脫。而實現我們內心這種種想法的，就是潛意識的力量。

想要成爲有錢人，你得先了解潛意識的世界

一個人的過去與現在，是緊密重疊在一起的

如前所述，在A代表的潛意識中，「乖乖服從可怕對手」的言行模式，將他逼入絕境、被迫辭職，這才是真相。如果能夠回首過去，他就會知道這樣的事，其實已經發生過無數次。

儘管如此，他還是堅信著「乖乖聽話才能明哲保身」。他能否察覺到，他所認為的「明哲保身」，正宛如一道巨大的牆，阻擋著他的未來？

無論是誰，都會一直重複著在家庭環境和成長環境中習得的言行

模式，因為它是透過親身經歷的實際感受養成的模式。如果不能夠好好察覺到這一點，**頑強的言行模式足以支配你的一生，你甚至可能毫不自知。**

就算你打算靠判斷來採取行動，但實際上，我們多半都在重現自己以前在親子關係和成長環境中的經驗。每個人的過去與現在，都是緊密重疊在一起的。

就算涉及的是能夠左右公司、地區或國家未來的大事，若從個人的層面來看，現在所做的任何決定，幾乎都脫離不了過去的親子關係和家庭環境的影響。在單一現象或事件中，微觀與宏觀可能交織發展，這就是潛意識的世界，以及它對我們每個人的影響。

你必須先理解這種潛意識的世界，才可能實現「成為有錢人」這項目標。

培養富體質，潛意識能夠爲你創造各種機會

近年來，有一種現象愈來愈明顯，那就是到處都看得到世襲制。別說是傳統藝能界了，就連政治界、商界、綜藝界、媒體界、電視業界等，都可說是如此。當然也有圍棋、將棋、運動等，以實力一分高下的世界。同樣都是有才華的人，有些人就是會成長，有些人則是不會。

一個人屬於窮體質或富體質，也是他能否發揮才華的條件之一。**富體質不只能夠提升自己的才華，潛意識還會看準時機，為我們準備好發揮才華的機會，這就是潛意識深不可測之處。**

就這層意義而言，很多富體質者在許多情況下，早就準備好資金和環境，可以磨練、提升自身的才華。比方說，如果想要當醫生，在

成為醫生之前，需要花費相當大筆的金錢。就算擁有再好的資質，足以勝任醫生，如果沒有足夠的錢，就無法接受必需的教育，自然也不可能成為醫生。

每個人的起跑點一開始就不同，這是個不爭的事實。說得現實一點，沒有任何後盾、支援、人脈和資金的人，很難成為大富豪，我們不得不承認這點。

我想，這是很正常的現象。

我想告訴各位的是，沒有資源的平凡人，如果只是在腦海裡思考、描繪各種願景，是不會成為有錢人的。不過，我並不是要你「放棄成為有錢人」的夢想。

就算不擇手段，你也很難變成有錢人

我常提到一點，堅持「不擇手段變富有」的人，是可能依照自己期望的方法變成有錢人的。不過，這樣的人想必已經很有錢了。如果現在還沒有變成富豪，通常是因為自己表明「討厭用這種方法賺錢」的態度，所以未來想靠著「不擇手段」的方式發財，機率相當低。

當然，這裡所謂的有錢人，是指金錢能夠順利、輕鬆且持續入袋的有錢人，不是指靠賽馬、賭博性投資等投機方式一夜致富的暴發戶。

大家都說，極少數已經躋身富豪或超級富豪之列的人們，早已獨占了世上絕大多數的財富。就算我們閱讀這些人的自傳、模仿他們，但有錢人也像某種世襲制一樣，絕大多數沒有一定根基的人，是不可能一步登天、達到頂點的。

而且，社會結構幾乎可說是「由眾多窮體質者分享全體財富的一小部分」，就算他們好不容易賺到一些錢，也因為必須繳納各種稅金，被扣得所剩無幾。

即使渴望成為有錢人，但決定勝負的賽場，早就已經決定好了。**在賽場上，窮體質彼此爭奪的模樣，就像在爭食有錢人吃剩的殘渣罷了。**

而且，愈是在裡頭相互爭奪，愈是加深窮體質，只會讓你距離有錢人的行列愈來愈遠罷了。

相互爭奪，是否成了你的人生目標？

接下來，我們來回顧一下「相互爭奪」這種意識吧。

在「相互爭奪」的意識下，是看不見豐富資源和足夠財富的。比方說，在你眼前大剌剌地堆疊著一兆日圓的鈔票，如果那一兆日圓並不在你的意料之中，那麼你是看不見的。你所能看見的，只會是好好保存在金庫裡的數百萬日圓、數千萬日圓而已。

就像某位投資專家說的：「如果把錢和玄關的小石子放在一起，誰都不會注意到。因為沒有人預料到，有人會將錢丟在玄關。」

我要再三強調，**你如何抱持意識與感受方式的層次高低，將會決定你能夠擁有多少金錢**。對金錢的實際感受，是透過過去的經驗培養出來的，對你來說，回想時沒有真實感的東西，是不可能得到的。

所謂的「相互爭奪」，就像在早已決定的固定金額中，搶搶看能夠占到多少一樣。金額一開始就固定了，不會增加，至於額度的多寡，則是由你本身的體驗所決定。這是你在潛意識中設定好的金額。

當「相互爭奪」的意識高漲，焦點就會放在你爭我奪，比起得到金錢，相互爭奪就會逐漸變成人生目標。雖然一開始，是一邊緊抓著金錢、一邊彼此爭奪，但接著就會被一起爭奪的對手給困住，最後就會「無視金錢」，一直爭個不停。

曾幾何時，目標已經從「獲取金錢」變成「相互爭奪」，甚至連自己都沒有察覺。

容我再次強調，我並沒有貶低的意思，也不認為「窮人就是沒救了」。如果你閱讀至此，覺得自己「被輕視了」，那正代表你因為抱持著戰鬥和相互爭奪的意識，導致無法有效吸收如何致富的資訊，無法理解我真正的意思。

相信潛意識的力量，人生就會改變

如果你真心想要成為有錢人，就必須捨棄幻想、正視現實。

如果你維持窮體質，只是一直幻想著：「我要變成有錢人，只要我這麼做，就可以變成有錢人了吧？只要我那麼做，就沒問題了吧？到底該怎麼做，才能夠變成有錢人呢？」那麼，你這一生，終究成不了有錢人。

你還有另一條路可走，那就是認清現實，決定要不要成為「千萬富翁、數千萬富翁」。不過，就算你決心成為有錢人，也不必過度緊張，激動投入。

這個方法，比起你過去以來一直相信的做法，要來得簡單多了。

與其東想西想一些不切實際的事，設法逐漸擺脫窮體質三惡、養成富

體質，金錢就會更容易流進來了。

你只要讓潛意識成為你的好夥伴，相信潛意識的力量就好了。

第 6 章

培養富體質，人生就會改變

壓抑情緒反應，正向情緒就會變得遲鈍

自以爲是的想法，會爲自己帶來損失

我長年從事心理諮商並舉辦講座，經常感到疑惑，許多以往心理學或社會上所認為的一般常識、明智的見解，甚至是一些所謂的事實，會不會只是我們自以為是的「迷思」呢？

打個比方，在我提倡的「以自我為中心」的心理學裡，情緒反應是一種「情報資料」。一般認為，情緒反應是無法預測的，很容易上下起伏不定，有時又會突然出現，瞬間消失。通常，人們會將情緒視為對自己不利的麻煩製造者。

正因如此，當不安、著急、焦躁、恐懼等負面情緒湧現時，我們會想盡辦法控制這些負面情緒，在過程中受盡折磨。

不過，我請各位冷靜思考一下，所謂的「壓抑情緒」，究竟是怎麼一回事呢？簡單來說，就是盡量不要讓自己感受到情緒，嘗試各種方法讓自己的情緒反應變得遲鈍、變得麻痺。

如果真的如你所願，情緒反應變遲鈍、變痲痺了，結果又會如何？

你會開心地高舉雙臂歡呼，並且做出下列反應嗎？

「哇，太好了。我感受不到負面情緒了。這樣就嘗不到痛苦的滋味了，萬歲！」

在此之前，不妨先想一想，感受不到情緒是怎麼一回事。

情緒大致可分為負面情緒和正面情緒，但這只是為了分類而使用的用語，實際上並不存在著「從這裡開始是負面情緒」與「從這裡開始是正面情緒」的明確界線。負面情緒和正面情緒雖然可以用文字加以區分，但情緒只是情緒，沒有好壞之分。

我們可以用「負面情緒的感受度高或低」、「正面情緒的感受度高或低」來形容一個人。「讓情緒反應變得遲鈍、變得痲痺」的做法，是一種讓自己感受情緒的能力退化的行為。這麼一來，連同正面情緒的感受度，也會跟著降低。

正面情緒包括人生的價值、付出的價值，還有滿足感、充實感與幸福感等感受，這些都與「愛」相關。在這個「愛」裡，有認可「自我存在」價值的自尊心、自負心，也包含了實際感受到對自己的愛。

我們與生俱來的五感，以及無法用言語形容的感覺，都有獨特的感受方式。如果「感受情緒的能力」變遲鈍了，同樣也會影響這些感受方式。

簡單來說，我們不可能產生「哇，太好了。我感受不到負面情緒了。這樣就嘗不到痛苦的滋味了，萬歲！」的感受。

「感受情緒的能力」一旦退化，你不僅感受不到負面情緒，也感受不到正面情緒。如此一來，你的生活還有快樂可言嗎？

逃離痛苦之後，卻更加痛苦?!

事實上，現在有愈來愈多人的情緒感受變得麻痺，你知道這些人的生活變得如何了嗎？他們從痛苦中得到解脫，變得幸福了嗎？

不，恰巧完全相反。

即使他們對情緒的感受變得遲鈍，那也只是在表面上而已，在他們的潛意識裡並非如此。

人的潛意識可以感受到非常細微的事物，如果沒有消除從中而生的欲望，這些欲望就會變成淤泥沉積在心裡。由於感受不到情緒，你根本不知道自己為何而苦。既然不知道自己為何而苦，也就無從解決問題。

就好像你感覺身體的某個地方很痛，其實是你的腳掌被刺刺到，卻因為你無法確定哪個部位疼痛，所以就只能繼續感覺疼痛、忍痛下去，無法拔除導致疼痛的刺。「感受不到情緒」，就是這麼一回事。

如此一來，你很容易陷入痛苦的狀態，每天「覺得日子難過，心情一直很沉重，覺得活著好累，了無生趣。人生充滿著麻煩、空虛，提不起勁活下去。有時候，還會擔心自己是不是瘋了。」

當然，這時候也不會有賺錢的心情。

有人可能會認為「變成有錢人，就會變得幸福了，不是嗎？」，其實根本沒有這回事。就算你賺到了錢，你也感受不到工作的價值與生活的意義，所以就連賺錢的意義也沒了。

所有人都認同「我們應該好好控制自己的情緒」，事實上，這樣的想法完全是錯誤的。愈是想要控制情緒，就愈使我們感到痛苦。你只要好好檢視一下自己的狀況，應該就不難了解這點。

而且，**從「以自我為中心」的觀點來看，「控制情緒」只會讓負面情緒在潛意識裡擴大，並持續累積否定意識。**如此一來，更是積極助長了窮體質三惡的發展。**這樣的做法，是不可能成為有錢人的。**

就算辛苦，也不會幸福

前述提及的，只是其中一例。

如果你覺得——

「一定要忍耐到底。」

「一定要吃盡苦頭。」

「就算不想做，也要努力到最後。」

「一定要克服困難，默默承受目前的情況，忍人所不能忍。」

「為了不發生爭執，必須配合他人。」

「不能奢侈浪費！」

「要能夠控制自己的欲望。」

我可以告訴你，這些全都是迷思。而且，幾乎所有人，都無意識地深信這些迷思。

大多數的人都真心相信，只要做得到像前述那樣，就能夠變得幸福、變成有錢人。這樣的想法，即使平日沒有顯現出來，也像頑固汙垢一樣，附著在人們的潛意識裡。

實際上，就是因為你這麼相信，所以才會那麼辛苦，才會在經濟上那麼拮据……。請你試著想想，如果你堅信前述的想法，還能夠感到幸福嗎？

付出辛勞、克服困難、放棄奢華生活，終身勤儉儲蓄的老人們，就是前述那種人生樣式的代表。如果「吃苦就能獲得幸福」這個公式是事實，那麼大多數擁有高額存款的老人，絕對不可能過著幸福滿點的日子。

不可否認，許多老人在辛苦付出之後，後半輩子都過著不愁吃穿的幸福生活。但我可以確定，他們在一開始的時候都是窮體質，經過逐漸覺醒，以及日常生活中的經驗，才逐漸變成富體質的。

老實說，像這樣作繭自縛的「錯誤迷思」，實在是太多了。

愈是富體質者，愈能夠從一般人深信的迷思當中脫離出來。一個人內心深處的信念，是決定他能否成為有錢人的重要關鍵。

你經常否決自己的願望嗎？

我們周遭充斥著讓人陷入不幸和窮困的不當迷思，如果你可以打破那無數迷思的一〇%、二〇%，你一定會發現，現在你心中「期望的理想財富」，其實只是「平均水準」而已。

最常見的不當迷思包括——

- 我的薪水一定要超過多少金額以上。
- 我想要再減少一些工時。
- 我想要多一點閒暇時間。
- 我想要住在夢想中的房子裡。
- 我想花更多時間在自己的興趣上。

說不定，你一邊期望著滿足這些事的同時，一邊卻想著「我不能奢求太多」。如果你的潛意識這麼認為的話，你等於是在否決自己的心願，你想要的自然不可能實現。

一天有二十四個小時，以一般生活常規的時間分配來看，睡眠分配到八小時，工作分配到八小時，剩餘的八個小時，則是處理雜事和閒暇的時間。除了平日，還有週六、週日和例假日。

你是怎麼看待這些時間的呢？

如果我沒有特別提出來，或許有些人不會意識到這樣的問題，還會覺得前述的「三八制」理所當然。

如果你認為三八制「很合理」，甚至認為「應該這麼做不可」，那麼當你「想多睡一點」，或是「想再減少一些工時」時，下一秒就會立刻產生罪惡感。

就算你只是「想要多一點閒暇時間，做自己喜歡的事」，也會立刻打消這樣的念頭，提醒自己「我不能奢求太多，現在這樣的生活已經很好了，要為現在的美好心存感激。」

尤有甚者，你可能還會覺得「我現在的生活正常，三餐溫飽，要是再奢求更多，老天一定會懲罰我的」，不禁為自己的念頭感到羞恥。

無須拿出一般常識、明智的見解和社會規範來說服你，你早就把自己放入「理所當然」的框架裡，完全否決了自己的願望。

當你一直告訴自己「這個社會就是這樣，我無能為力」，你就會將貧窮的生活視為「理所當然」。

發覺自己的基礎意識，採取行動

容我再次強調，如果我們凡事都「以自我為中心」思考，所有人就能夠根據自我意識去理解、判斷事物，進而做出選擇、採取行動。

這個打造人生地基的「基礎意識」，來自個人生活經驗中的實際感受，當然也包括人類在進化過程中，演變出的生物上及遺傳上的特性。

我所提及的情緒，並不只是一般意義上的情感，還包括意識上的實際感受。因此，我才提出「情緒是一種情報資料」的觀點。

假設你小時候曾被父母訓斥：「不可以太奢侈，不准哭！」，這個經驗會在你的心裡留下「奢侈是不應該的行為」的烙印。

日後，只要你一覺得自己「奢侈」，就會在不自覺中踩下煞車。接著，你會主動將自己帶往「不奢侈」的生活。

雖然我們會在不自覺中使用「奢侈」這個字眼，但何謂「奢侈」，卻是沒有標準的。

我們都認得「奢侈」這個詞彙，但實際上，什麼東西算奢侈、什麼東西不算奢侈，並沒有具體標準。我們自己並沒有具體標準，但只要說出自己的欲望，就會覺得「自己的任何要求都是奢侈的行為」，忍不住責備自己。

此外，「奢侈」的標準，也是因人而異。雖然不是刻意的，但我們在判斷自己是否「太過奢侈」時，都是以金錢為標準。而且這個標準，是在無意識中形成的，會因為每個人生長的家庭環境，和在社會上打滾的經驗有所差異。

或許，五千日圓對你來說，是一筆很奢侈的花費，但在別人眼裡，十萬日圓才算奢侈。

如果你為五千日圓感到奢侈，那麼當你有機會賺取超過五千日圓的金錢時，你就會因此產生罪惡感。

假設你對時薪一千日圓的待遇感到滿足、覺得感激，聽到時薪一萬日圓時，你一定會覺得驚訝，直呼：「怎麼可能有這種事！我擔當不起！」

雖然心裡頭很想賺錢，卻因為你覺得自己不值得獲取那麼多報酬，所以即使機會來了，也會主動搞砸。

容我再次強調，**只要站在自我的角度看事情，當你站在分岔路口時，就會下意識地根據自我評價做出選擇。這就是富體質者不管做了**

什麼或不做什麼，都能夠輕輕鬆鬆、不費吹灰之力變有錢的原因。

同樣地，窮體質者無論再怎麼吃苦、努力，或是模仿有錢人的做法，終究還是窮困一生。

以你的感受方式和感覺爲基準

我想請問各位，當你覺得「每天工作八小時好累！超討厭週一到週五都要上班，一早起床之後，還要跟大家擠電車，真是超痛苦的！」時，是否會強迫自己「一定要去上班，不努力不行」，或是責怪自己「大家都做得到，沒道理只有我做不到」？

每個人的想法不同，一定有人認為累了無須休息，只要喝健康飲料或吃營養保健品就能夠繼續拚下去。

但如果你真心覺得「我的生活根本不正常，每天努力打拚，一心一意埋首於工作，真是太詭異了。在電車中和大家擠來擠去的，可真是夠累人的。我不喜歡在月台或人群中，和大家一起匆忙趕路，這樣的生活方式一點也不健康」，你是否可以坦率地忠於自我的感受？

前者的想法是「以他人為中心」，後者的想法是「以自己為中心」。畢竟是心中所想之事，或許你會認為一個人的想法，不會對自己的人生有太大的影響，但事實上並非如此。

前者充滿了「不得不這麼做」的迷思，若以這個迷思為人生標準，就必須不斷地奮戰、忍辱負重，並且持續努力。做不到這一點，就會產生罪惡感，使你徹底淪為窮體質。

後者以自己的感受方式和感覺為基準，相信自己的感覺，貫徹自己的感受方法。這樣的人依循自己的心，盡量滿足自己的欲望，假使遇到讓自己不開心的時候，也會努力摸索出讓自己滿意的狀態。

若能以這樣的生活方式為基準，就能輕鬆成為富體質，自然而然地開創璀璨的未來。

根據你的實際感受生活

改變基礎意識，你的言行也會跟著改變

假設有一間公司招募人才的條件如下：

每週工作三天，每天工作四小時，一個月的薪水是你現在薪水的三倍以上。

錄取條件是能像從事興趣一樣樂在工作，公司想找的是只要覺得開心，「做幾個小時都不會厭倦」，充滿幹勁的員工。

當你第一眼看到這樣的徵才條件時，你有什麼樣的感覺？你有什麼樣的想法？

你會當場否定說：「怎麼可能會有這種事？不可能！」，或是認為「怎麼可能會有這種條件？裡面一定有什麼問題，別被騙了比較好。」

還是，你會覺得「仔細想想，其實這個條件也挺有道理的。每週為了工作疲於奔命的生活，真的太奇怪了。如果可以生活得更舒適、在經濟上也更充裕，這種感覺滿好的」，毫不懷疑徵才條件的真實性。

當然，這個假設在現今的日本社會不可能發生。不過，不可能歸不可能，現在的社會樣態是否正確，那又是另一個問題了。

如果我說，這個徵才條件是「極為平均的生活樣態」，你相信嗎？

現代社會各階層的貧富差距太大，我突然這麼說，各位可能一時無法相信。不過，若能暫時忘卻兩極化的貧富差距，將所有財富加總並平均分配，各位一定會發現，你所期望的薪資和相應的工作時數，其實相當合理。

你之所以沒有實現理想生活，是因為你身陷於各種負面迷思中，並且把窮體質三惡的要素，誤認為適切的生活方式。

所有事物都是從「意識」開始的，你會依照自我的意識，去選擇與建構事物。

如果你覺得你所有的心願，包括經濟層面，都沒有達到自己的期望。我認為，那是因為你被窮體質三惡嚴重纏身，貶低了自我價值所致。簡單來說，你不允許自己過著夢想中的生活。

很多我們以為「理所當然」的事，其實都是自己的「迷思」。由於大多數的人都相信這些迷思，因此這些迷思看起來就像「真的」一樣。而你也可能因為這些迷思，誤信窮體質三惡能夠讓你變成有錢人，得到幸福。

只要打破各種迷思，就能夠擁有更多自由時間，賺取比現在多出幾倍的收入，這是很自然的道理。

從根本改變意識，你的言行自然就會跟著改變。

我希望你能夠反覆地告訴自己這句話——

「無論就經濟上或時間上而言，我希望過的生活，真的只是非常一般的平均水準而已。」

當你能夠真正認同這句話，你表現出來的言行舉止，自然能夠讓你成為有錢人。這一刻，就是你「轉變為富體質」的瞬間。

轉變意識，進化成富體質

意識是非常高層次的實際感受，它並非思考，也不是言語。思考和言語會形成意識與實際感受。

思考本身沒有力量，累積在心中的情報資料，會藉由思考被誘發出來，這些情報資料加以整合之後，會形成一幅立體的投影圖像。不過，由於情報資料會受到個人偏見影響，所以每個人最終形成的圖像，不會與他人相通。

比方說，用文字寫下「蘋果是圓的」這句話時，如果你無法在腦中描繪出立體的蘋果圖像，你心中的蘋果就只有「圓的」這項特性。

當你充滿想像力，就算只有一句「蘋果是圓的」，你也會聯想到蘋果的顏色、光澤、緊實的外皮、彈力、新鮮度、氣味、吃起來的滋味與形狀等特質。

如果你沒有想像力，你的情報資料就只有「蘋果是圓的」，再無其他。

不僅如此，當你咬下蘋果時，那味道是酸、是甜，也會因為每個人的味覺感受不同，而與他人產生些微差異。

如果你以前有和蘋果相關的回憶，那也會變成一種情報資料，存入你對蘋果的聯想數據庫裡。其中，尤以伴隨著情感經驗的記憶最為強烈，例如你生病時別人曾經削蘋果給你吃，或是你吃了蘋果之後拉肚子、歷經折騰等。由於這個緣故，有時候這些情報資料交織而成的「蘋果意象」，很可能與「蘋果原貌」大相逕庭。

如此這般，當我們以為彼此擁有的，是看似一樣的情報資料，但實際上每個人的理解方式、解讀方式和感受方式都截然不同。因此，就算你覺得對方「一定跟我想的一樣」，也可能完全不是這麼一回事。

有鑑於此，就算你口頭上嚷著「我想要變成有錢人」，你對這句話的「實際感受」才是重點。有些人嘴上說要變有錢，其實內心十分封閉，心裡真正想的是「反正我這輩子根本不可能有錢」。

也有人敞開心胸，說出「我想要變成有錢人」時，內心感到十分快樂，領悟到「原來如此！我好像懂了，自我意識是很重要的。我已經知道賺錢的祕訣了，我知道我能實現夢想，真是令人開心」的道理。

當然，還有另一個最簡單的反應，就是如同前面提及的——「無論就經濟上或時間上而言，我希望過的生活，真的只是非常一般的平均水準而已。」

如果你能夠打從心裡認同這個既定事實，就能夠不費吹灰之力，養成吸金的富體質。

致富過程的正面感受，爲你帶來財富

同樣地，就算實踐了致富方法，有些人能夠變成富豪，有些人卻還是窮困，之所以如此，是因為實際感受（意識）不同所致。

話說回來，要具體說出其中差別，難度相當高，這就是言語表達的弱點。因此，我才會說「感覺」是非常重要的。

從這個角度來看，即使你已經達成有錢的目標，最重要的還是致富過程。

我舉下列兩個致富過程來說明：

- 反覆歷經驚險的作戰過程，最後成為有錢人。
- 雖然花了一點時間，卻是在悠然自在的情況下，用自己的步調輕鬆前進，愉快地享受了整個過程，然後逐漸變成有錢人。

從結果來說，兩者都變成了有錢人，但在成為有錢人的過程上，卻不一樣。而**這個過程，就是你的人生模式**。

如果像前者那樣，歷經無數戰火終於變得有錢，我相信你的人生，一定處於烽火不斷、麻煩纏身的狀態。在這樣的狀態下，就算在「戰鼓平息」之後，如願變成有錢人，也會因為過去的戰事埋下禍根，在往後的某個時間點，可能又會引發另一場戰爭。

另一方面，如果你是在綽有餘裕的情況下，用自己的步調往前走，在過程中享受著快樂，最後成為有錢人，那意味著你之後也會是個「持續、踏實、輕鬆」的有錢人。

因為這種模式，已經成為你固定的言行模式了。只要這種模式可以持續下去，你的未來絕對衣食無虞，這就是所謂的「富體質」。

樂在其中的意識才能生財

一談到「長壽」，我就會想到畫家、書法家、專業工匠、從事農業相關工作的人們。

這些人的共通點，就是不受時間束縛，或是與自然共生，以自由的步調，投入自己喜愛的事物當中。我們無法想像他們追求頭銜、地位與權力等世俗名利的模樣。

他們每天悠然自在，怡然地享受著生活。他們能夠從無到有，持續創作。

我想問的是，他們是因為本身有才華，所以才能過著閒適的生活？還是因為他們選擇了那樣的生活方式，所以啟發了他們的才華呢？

這就像「先有雞，還是先有蛋」的爭論一樣，無法說何者為先，但如果就「意識是人生的基礎」這個觀點來看，「與生俱來的自由性格」早已深植在他們的意識裡，這樣的意識對於他們的影響，遠勝於才華。

我這麼說的原因很簡單，當我們面對所有事物的心境愈自由，愈能激發出我們原有的欲望，讓我們想要嘗試、發展與磨練與生俱來的才華。若能投入自己喜愛的事物中鑽研十年，任誰都能在那個領域成為專家。

這種悠然自在、樂在其中的意識，就是「發揮才能、變成有錢人、變幸福」的共通意識。這樣的人無須執著金錢，努力致富。若從時間的觀點來看，「悠然自在、樂在其中」的人，反而比「四處征戰」的人，更有可能且更快成為有錢人。

關鍵在於：悠然自在、樂在其中

將重點放在「悠然自在、樂在其中」，專心體會自己的實際感受，可說是擺脫窮體質三惡的最快途徑。重點只有這一個，真的很簡單。

不要拘泥於得失，也沒必要一直執著於賺錢。很多累人的事，其實都是自找的，根本沒必要，倒不如好好感受人生。例如——

- 在日常生活中，不要硬著頭皮忍耐，盡力實現自己的欲望，實際感受滿足感。
- 學會拒絕過去一直無法拒絕的人，並在心中讚賞自己。
- 雖然無法幫助別人而感到不好意思，但也意識到沒必要為此產生罪惡感，放過自己。
- 一直以來都無法開口向他人求助，終於能夠鼓起勇氣拜託別人時，為自己感到高興。

- 勇於向競爭對手說出「我不想再爭了」，說出這句話，也讓自己感受到內在的堅強。
- 遇到可能會擦槍走火的情況時，主動表明「我討厭互相傷害，我不爭了」的想法。成功避免爭執，覺得自己很了不起。

請試著像前述這樣，**在日常生活中，好好重視你的「實際感受」。這一點一滴的實際感受，未來都能昇華，成為你的「財富」。**

以「重視自己」為目標，你就能夠變得更自在、變得更堅強，並且感覺到自由。實際感受那些自在、堅強、自由的體驗，等於是在創造未來的財富。這麼一來，認為金錢是「靠爭奪而來」的念頭，也會隨之消失。

不可諱言，實際上我們生活在極端的M型社會中。如果從財富均衡分配的觀點來看，就會發現助長社會階層 M 型化發展的原因，就是大多數的人都染上了窮體質三惡。

如果你現在可以從「以他人為中心」變成「以自我為中心」，讓富體質者變得愈多，這種相互競爭、掠奪的社會結構就會瓦解。原本集中在少數人身上的財富，也會向四面八方分配出去，社會就能夠往均富的方向發展。

當然，就現在來看，這樣的理想社會，還是一個非常遙遠的世界；不過，至少你可以調整自己，養成讓金錢輕鬆入袋的富體質。

你要做的事很簡單：破除自己既有的各種迷思，在日常生活中，持續累積感受正面力量的實際體驗即可。如果做得到這一點，擋在你面前的厚重大門就會打開，讓你踏上成為有錢人的階梯。

檢視你是窮體質，還是富體質？

最後，讓我們來檢測看看，你是窮體質，還是富體質吧！

窮體質、富體質檢測表

下列是診斷出你屬於窮體質或富體質的檢測表，請在符合你的描述句前面打勾，然後計算總共有幾個勾。

窮體質檢測表

- □有時一回神才發現，自己工作時十分緊張，戰戰兢兢。
- □明知道做就對了，卻要花很多時間，才會實際採取行動。
- □認為事情決定之後再行動比較好，所以會仔細思考。
- □總是忍到最後一刻才做決定。
- □發現對方說的話有誤時，會想要主張自己正確的看法。
- □發現對方做錯事時，會想要提醒、糾正對方。
- □受人之託時，總覺得要幫助對方。
- □遭到否定時，會設法讓對方理解自己。
- □被他人指出錯誤時，會設法讓對方認同自己的正確性。

□如果家長反對我結婚，我會說服他們直到認可為止。
□對方來電告知赴約遲到時，我會自己打發時間，耐心等候。
□身邊有討厭的同事時，我會仔細觀察他們的言行，所以很了解他們的狀況。
□發生問題時，我覺得有必要先深思、做出客觀判斷之後，再做決定。
□我認為，不管什麼事，只要決定去做就堅持到底的做法，能夠獲得自信。
□成功最重要的是忍受各種苦難，努力克服困難的精神。
□雖然知道該如何朝夢想前進，但在釐清目標之前，不會採取行動。
□在職場上看到部屬為工作所苦，我會積極給予指導。
□看到周圍的人忙得團團轉，若自己很悠閒會產生罪惡感。
□被別人指出錯誤時，很難坦然接受。

□想像自己的夢想時，相信夢想真的會實現。
□身邊有自己想要效法的人物，或是有想要的東西。
□看到對方的優點時，會覺得自己也要那樣才行。
□個性屬於完美主義，事情不做到完美，就覺得不自在。
□一起心動念，就想馬上實現。
□採取行動時，通常會在腦中思考利弊得失。
□比較A與B時，會忍不住思考選擇哪一項比較有利。
□覺得看傳統的指針手錶知道幾點，是很麻煩的事。
□在做一件事情的時候，會想要一口氣做到最後。
□對方正在說話時，有時會打斷對方的話題。
□經常不怎麼留意別人說的話，不會把別人說的話放在心上。
□覺得先了解對方，再採取行動比較好。

個

□為了了解對方的言行，做任何事之前，都會先思考與分析。

□認為若無法徹底去做，便無法改變事物。

富體質檢測表

□在放鬆、從容的狀態下工作。

□與其在腦中思考，我經常相信自己的感覺，並且依照直覺採取行動。

□我的想法是先行動再決定。

□即使對方感情用事，我也不會隨之起舞。

□受人之託時，會看心情決定要不要答應。

□就算遭到否定，也能夠忠於自己的期望。

□遭受對方反對時，我不會急著證明自己，願意花時間慢慢來。

□就算家長反對我結婚，我也會和自己選擇的對象結婚。

□對方來電告知赴約遲到時，我可能會直接回家。

□身邊有討厭的同事時，我會仔細觀察自己對對方的感受與言行。

□發生問題時，我會相信自己的感覺，並且盡早提出具體方案處理。

□就算是已經決定好要做的事情，只要自己不想做，也不排除中途喊停。

□因為總是做快樂的事，所以不是那麼在乎結果。

□知道該如何朝夢想前進之後，就會專注於「眼前」。

□在職場上就算看到部屬為工作所苦，也不會馬上插手。

□自己的意見就算被對方否定，也不會放在心上，依舊以自己的意見為優先。

□即使周圍的人忙得團團轉，我也會在自己的工作告一段落時，休息一下。

□比起結果，過程更重要。

□與其和他人比較，我通常會拿過去的自己和現在的自己相比。
□我能夠由衷認同別人的優點。
□與其用頭腦思考，我會以「自己的欲望和情緒」為基準來做決定。
□採取行動時，比起思考，我更以「自己的感受方式」為基準。
□當我想知道現在幾點時，我會立刻聯想到傳統的指針手錶。
□在做一件事時，我會在每個階段確認成果。
□與人交談時，我會認真傾聽對方說話。
□與人交談時，如果聽了覺得痛苦，我會立刻中斷。
□就算對方拚命說服，我也不大會受到影響。
□面對對方的言行，我會把焦點放在自己的感受上。
□在做一件事的時候，我總是從「自己做得到的地方」開始。
□根據我的經驗，只要稍微付出行動，就能改變整個局勢。

個

□在決定事情的時候，我會盡量依照自己的意思做抉擇。

□決定事情時，我不會拘泥於大家的看法、社會規範或一般常識。

□無法回答對方的問題時，我也不覺得必須馬上給對方答案。

檢測出窮體質指數較高的人

如果你的檢測結果，是窮體質指數比較高，我希望你能夠有所自覺，以你現在的行事作風，要成為有錢人是「不可能」的事。

窮體質與富體質有決定性的差異，窮體質以他人為基準，透過「思考」來決定自己的判斷或行動，也就是我所謂的「以他人為中心」。在「以他人為中心」的意識裡，自己的欲望或情緒，會被拋在一旁。

計較利弊得失就是最典型的象徵，因為沒有察覺到自己的欲望，所以會被眼前的利弊得失迷惑，採取讓自己真正蒙受損失的行動。

本書把「罪惡感、忍耐、爭奪」視為窮體質三惡，這些皆來自於「以他人為中心」的意識。

首先，來看窮體質三惡之一的罪惡感。愈是「用思考過活的人」，對於罪惡感的感受愈強烈，因為他們在面對事情時，都是以「該做、一定要做、做了比較好」為基準。如果做不到或失敗，就會產生罪惡感。當然，這些罪惡感都是毫無意義的，只會讓自己愈來愈貧窮。他們對於變成有錢人一事抱持著罪惡感，在不知不覺中將「變窮」當成自己的願望，就像水往低處流一般，最後變成窮人，也是理所當然的結果。

窮體質三惡中的忍耐，其實就是「忍著」不當有錢人。既然要自己忍著不變有錢，當然就不會變成有錢人。

絕大多數的人都相信，「在競爭中如果不勝出，就無法成為有錢人，也無法獲得幸福。」有些人總是愛和別人比較，動不動就要反抗，想要與別人一爭高下。他們的人生目標與其說是賺錢致富，倒不如說是「戰鬥」。但是，光是和對手一決勝負就耗盡了能量，哪裡拿得出精力來賺錢？加上到處樹敵，只會讓自己離成為有錢人的目標愈來愈遠。就算最後爭贏了，恐怕也早已傷痕累累，難以坐上有錢人的寶座。

因爲善良，所以無法成爲有錢人？

不可否認，並非因為窮體質，就無法成為有錢人。比起一般的有錢人，窮體質者未來或許更有可能累積巨額財富。

話說回來，窮體質者要變成鉅富，必須通過幾道「心理關卡」才行，包括：

- 就算傷了別人，內心也不為所動。
- 只愛自己，沒有同理心。
- 就算沒有同理心，也能夠在他人面前，表現得好像自己很有同理心一樣。

- 即使內心十分憎恨，也能夠把情緒藏得很深、很隱密。
- 人生目標以金錢至上，家庭因此破裂，和家人的關係也勢同水火。
- 知道自己只能吸引見錢眼開的人。
- 對於在利害關係中，會給自己帶來損失的人，會用威脅的方式逼對方停止。
- 縱使官司糾紛不斷，也能夠不受挫，堅持下去。
- 遭到背叛時，會制裁背叛者。當自己身為背叛者時，也做好受到他人制裁的心理準備。
- 就算是親人，只要和自己作對，也能夠毫不留情地割捨。
- 就算感到害怕、憎恨，也不會改變自己的心意。

這些就是窮體質者要成為有錢人的條件，如果做不到，注定無法成為有錢人。

看到我這麼說，即使你立刻決定「從今以後，改成這樣過日子」，也沒有用。原因很簡單，只要你現在不是有錢人，就不可能成功。你知道為什麼你無法成為有錢人嗎？

簡單來說，因為你是「善良」的人。

假使你真的依照前述的方法生活，最後還是當不成有錢人，那就代表你真的是一個善良的人。

凡是善良的窮體質者，無論怎麼做，都會產生罪惡感。而且，還會忍耐，這個忍耐來自「不得不臣服於可怕的人，就算討厭的事也要做」的恐懼心理。這麼一來，只會讓善良的窮體質者，更深陷於窮體質三惡裡，所以我才會說，這是不切實際的做法。

有鑑於此，無法跨越這些「心理關卡」的人，如果想依照前述條件生活，藉此變成有錢人，我勸你早早放棄這個念頭。**放棄自己做不到的事，從基礎意識開始好好培養出富體質，才能夠大幅提高你成為有錢人的可能性。**

檢測出富體質指數較高的人

富體質者以自己為基準，凡事遵循自己的欲望和情緒，**盡可能忠於自己的心意，隨心所欲地做任何事。**

由於這個緣故，他們的「心」與「思考和行動」不會產生矛盾，這就是我所謂的「以自我為中心」。「以自我為中心」的生活方式，可以套用在所有事物上。

談到心理學，或許有些人的印象會停留在心理問題、如何改善不良癖好，或是如何改善人際關係等。但心理學的作用並不止於此，除了像這本書的主題，討論如何成為有錢人之外，相關論述也可以應用在職場和公司經營上。

在我接觸過的案例裡，不乏令我跌破眼鏡，做事過於草率的公司。事實上，這樣的公司還真的不少。

當一家公司只看到眼前的現象與利益，公司裡所有成員的意識，會驅使所有人表現出窮體質的言行。在這樣的狀態下，這家公司就會如自然淘汰般，消失在這個世界上。造成這個結果的原因很簡單，因為這家公司所有人都打從心底反對「資源充沛、公司賺錢、心想事成、事業發展」。

眼前看得到的現象，不過是表象而已。由於負面意識已經深植於眾人的內心深處，公司所有人員的「整體意識」早已寫好了結局，因此無論再怎麼扭轉眼前的局勢、投入多少金錢，或是以公司的經營方針來看，已經做出了看似最好的選擇，也無法力挽狂瀾。到頭來，就是這些人親手將自己帶往自己想要的結局。

來找我諮商的人當中，有公司經營者和社會上有頭有臉的人物，有有錢人、也有窮人。就算他們是因為個人問題來找我，也會因為改變了基礎意識，自然而然地改變了他們的言行模式。

他們改變了基礎意識之後，得到了許多意想不到的成果，也不吝與我分享他們的喜悅。

我在此列舉出一部分，與各位分享：

- 脫離慢性倒閉的危機。
- 成功重整公司。

- 公司業績蒸蒸日上。
- 公司整體的營運狀況變順了。
- 自立門戶，獨立創業。
- 在公司獲得好評。
- 升職。
- 變成有錢人。
- 能力提升。

由此可見，**只要你調整出富體質，無須刻意做各種盤算、規劃，潛意識也會自然帶領你走向你期望的樣子。**畢竟，意識是人生的地基，從根本改變意識，沒有不變好的道理。

改變意識，就能往你希望的方向前行

就算無法成為超級富豪，無論是誰，都有機會成為身價一千萬日圓到數千萬日圓的小富翁。我們原本就有這樣的潛力，可惜阻止自己成為有錢人的人，是你自己。

只要改變你的意識，潛意識自然就會帶領你走向你期望的方向。我常說，世界上萬事萬物都有一定的平衡，每個人的心也是「正向意識」與「負面意識」兩者的平衡。

當負面意識比較多，你的選擇與行動就會往負面的結果去。當正向意識比較多，你的選擇與行動就會往正向的結果去。

在面對各種情況時，負責調節正向與負面意識兩者分量的人，是你自己。看到我這麼說，如果你想問我：「我不知道自己現在選擇的是變窮還是變有錢，是否有什麼方法可以知道？」那麼，我可以確定的是，現在的你，還是「以他人為中心」的窮體質。

窮體質的人之所以只看眼前利益採取行動，是因為他們無法用立體的角度去理解事物的整體架構，這也是因為他們輕忽了身為人的欲望和情緒。人無法做出跟機器人一樣的反應，我們無法像機器一樣，做任何事都分毫不差。

每個人的行動，都會受到自身欲望和情緒的影響。就算原本想要理性思考，只要負面意識深植於心，理性的想法就不可能成立。無視於欲望和情緒，光靠腦袋思考事情，結果並不會如你所願。

話說回來，意識是建構人生的地基，會影響我們的選擇和行動。而欲望和情緒可以說是形成意識的原料，因此比起以思考來解讀事物，透過欲望和情緒，更能建構出縝密、全方位且正確的立體世界。

養成富體質，金錢和幸福更容易找上門

言歸正傳，到底要怎麼做，才能夠變成富體質呢？

誠如前方所說，只要你「感受著自己的心」就可以了。重要的是，你要相信自己的感受方式。

如果你感受到負面情緒，那是因為你愛自己的心，與你的選擇和行動不協調所致。比方說，當你覺得不想做某件事，卻還強迫自己去做，這樣就很容易產生負面的感受。

當然，強迫自己忍耐的時候、與人爭奪的時候、覺得有罪惡感的時候，也都不會有好心情。這一切，皆來自你的心與你的行為產生的衝突。

當你的內心與行為不協調，就會有不協調的事情發生。當你感到

焦躁，就會產生焦躁的結果。當你時常感到不安，就會帶來令人不安的結局。

重視你的內心，依照你內心的感受去思考並採取行動，就能夠擺脫緊張的情緒，讓心情變得更輕鬆。這麼一來，你也會有好心情，充分感受到滿足、充實與幸福的滋味。

當你的內心與行為達成一致，結果也會是一致的。潛意識的行為不會與內心產生矛盾，潛意識會把你心裡的感受，如實地呈現出來。

所以，你要學著去感受自己的內心，相信自己感受事物的方法，這是最基本、也是最重要的事，這也是幫助你養成富體質最快、最有效的方法。

養成富體質之後，金錢和幸福就會與日俱增地跟隨著你，這就是我們與生俱來的能力。

你決定自己的未來
相信自己有價值
改變意識，就能夠創造財富

國家圖書館出版品預行編目（CIP）資料

窮體質，富體質 / 石原加受子著；游韻馨、林宜佳 譯. --
第一版. -- 新北市：星出版：遠足文化發行，2019.06
240 面；14.8×21 公分. --（生活哲學；LP001）.
譯自：金持ち体質と貧乏体質

ISBN 978-986-97445-2-2(平裝)

1. 個人理財 2. 金錢心理學

563 108007576

Star 星出版 生活哲學 LP001

窮體質，富體質
金持ち体質と貧乏体質

作者 —— 石原加受子
譯者 —— 游韻馨、林宜佳

總編輯 —— 邱慧菁
特約編輯 —— 陳蘊慈
校對 —— 潘承瑤、賴詩韻
企劃經理 —— 曾士珊
封面設計 —— FE 設計 葉馥儀
內頁排版 —— 薛美惠

讀書共和國出版集團社長 —— 郭重興
發行人兼出版總監 —— 曾大福
出版 —— 星出版
發行 —— 遠足文化事業股份有限公司
231 新北市新店區民權路 108 之 4 號 8 樓
電話：886-2-2218-1417
傳真：886-2-8667-1065
郵撥帳號：19504465 遠足文化事業股份有限公司
客服專線 0800221029
法律顧問 —— 華洋法律事務所 蘇文生律師
製版廠 —— 中原造像股份有限公司
印刷廠 —— 中原造像股份有限公司
裝訂廠 —— 中原造像股份有限公司
登記證 —— 局版台業字第 2517 號

出版日期 —— 2019 年 06 月 05 日第一版第一次印行
定價 —— 新台幣 320 元
書號 —— 2BLP0001
ISBN —— 978-986-97445-2-2

讀書共和國網路書店 —— www.bookrep.com.tw
讀書共和國客服信箱 —— service@bookrep.com.tw
星出版讀者服務信箱 —— starpublishing@bookrep.com.tw
歡迎團體訂購，另有優惠，請洽業務部：886-2-22181417 ext. 1132 或 1520

新觀點
新思維
新眼界

Star
星出版